해법 기초계산 E2

- **1** 4주 완성의 계획적인 수학 학습!

- **2** 시간 내 푸는 연습을 통한 실전 감각 향상!

- **3** 다양한 구성의 문제로 사고력 향상!

계산력이 왜 중요한가?

선생님! 계산력이 왜 중요한가요?

수학 만점으로 가는 길은 계산력에서 시작한단다. 왜 중요한지 수학의 아버지 피타고라스 선생님에게 물어볼까?

계산력은 수학의 뿌리!
계산력 없이 수학은 생각할 수 없지.
수학은 계통성의 학문이라고 해.
역연산으로 인해 덧셈이 뺄셈의 기초가 되고,
곱셈이 확립되어야
나눗셈이 가능해지기 때문이지.
따라서 수학의 근간인 기초 계산력을
완벽하게 다져 주는 것이야말로
수학 만점으로 가는 첫걸음이지.

구성과 특징

개념 만화

만화를 통한 원리 깨치기

만화를 통한 계산 원리와 개념을
이해할 수 있습니다.

1단계

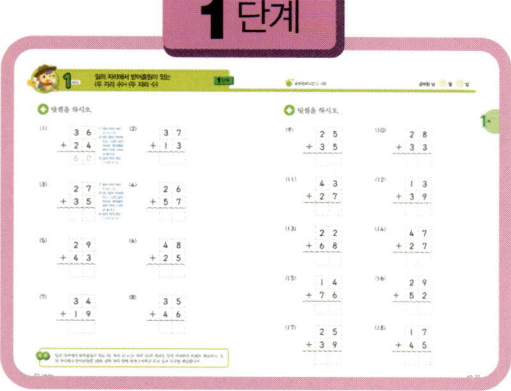

집중 연습으로 계산력 다지기

집중 연습 문제로 기초 계산력을
완벽하게 다질 수 있습니다.

2단계

퍼즐형 문제로 정확성 기르기

흥미로운 퍼즐형 문제로 이루어져
집중력과 정확성까지 기를 수 있습니다.

3단계

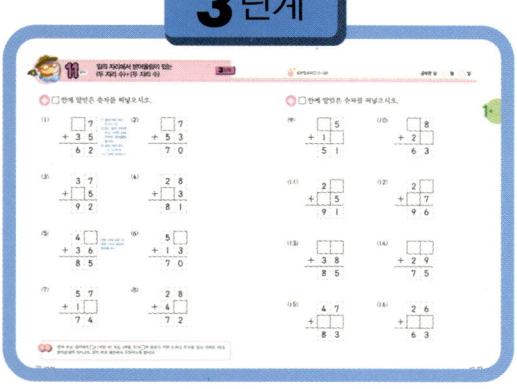

다양한 문제로 사고력 키우기

다양한 문제를 통해 수학적 사고력과
문제 해결력을 높일 수 있습니다.

내용 구성표

권	주	A단계 (5~7세)	B단계 (5~7세)	C단계 (5~7세)
1권	1	일대일 대응, 많다 · 적다	더하기 3 : (1~7)+3	빼기 5 : (1~20)-5
	2	1~5 수 익히기	더하기 3 : (1~17)+3	빼기 6 : (1~20)-6
	3	1~5 수 익히기	더하기 3 : (1~27)+3	빼기 4, 5, 6의 종합
	4	0, 6~10 수 익히기	더하기 1, 2, 3의 종합	더하기 · 빼기의 종합 ①
2권	1	0, 6~10 수 익히기	빼기 1 : (1~10)-1	더하기 · 빼기의 종합 ②
	2	1~10 종합	빼기 1 : (1~20)-1	더하기 7 : (1~9)+7
	3	수 가르기와 수 모으기(1, 2, 3, 4, 5)	빼기 2 : (1~10)-2	더하기 7 : (1~19)+7
	4	수 가르기와 수 모으기(6, 7, 8, 9, 10)	빼기 2 : (1~20)-2	더하기 7 : (1~23)+7
3권	1	11~20 수 익히기	빼기 3 : (1~10)-3	더하기 8 : (1~9)+8
	2	11~20 수 익히기	빼기 3 : (1~20)-3	더하기 8 : (1~22)+8
	3	1~20 종합	빼기 1, 2, 3의 종합	더하기 9 : (1~9)+9
	4	21~30 수 익히기	더하기 · 빼기의 관계 ①	더하기 9 : (1~21)+9
4권	1	31~40 수 익히기	더하기 · 빼기의 관계 ②	더하기 10 : (1~20)+10
	2	41~50 수 익히기	더하기 4 : (1~6)+4	더하기 7, 8, 9, 10의 종합
	3	1~50 종합	더하기 4 : (1~16)+4	더하기 1~10의 종합
	4	51~70 수 익히기	더하기 4 : (1~26)+4	빼기 7 : (1~20)-7
5권	1	71~100 수 익히기	더하기 5 : (1~9)+5	빼기 8 : (1~20)-8
	2	1~100 종합	더하기 5 : (1~15)+5	빼기 9 : (1~20)-9
	3	더하기 1 : (1~9)+1	더하기 5 : (1~25)+5	빼기 10 : (1~20)-10
	4	더하기 1 : (1~19)+1	더하기 6 : (1~9)+6	빼기 7, 8, 9, 10의 종합
6권	1	더하기 1 : (1~29)+1	더하기 6 : (1~14)+6	빼기 1~10의 종합
	2	더하기 2 : (1~8)+2	더하기 6 : (1~24)+6	더하기 · 빼기의 종합 ③
	3	더하기 2 : (1~18)+2	더하기 4, 5, 6의 종합	더하기 · 빼기의 종합 ④
	4	더하기 2 : (1~28)+2	빼기 4 : (1~20)-4	재미있는 더하기 · 빼기의 규칙

권	주	D단계 (초1)	E단계 (초2)	F단계 (초3)	G단계 (초4)
1권	1	더하기 1, 2, 3	받아올림이 있는 (두 자리 수)+(한 자리 수)	(세 자리 수)+(세 자리 수) ①	100, 1000, 10000, 몇백, 몇천 곱하기
	2	합이 5까지인 덧셈	받아내림이 있는 (두 자리 수)-(한 자리 수)	(세 자리 수)+(세 자리 수) ②	(세 자리 수)×(두 자리 수)
	3	합이 9까지인 덧셈	세 수의 덧셈	(세 자리 수)-(세 자리 수) ①	(네 자리 수)×(두 자리 수)
	4	받아올림이 없는 (한 자리 수)+(한 자리 수)	세 수의 뺄셈	(세 자리 수)-(세 자리 수) ②	(세 자리 수)×(세 자리 수)
2권	1	빼기 1, 2, 3	일의 자리에서 받아올림이 있는 (두 자리 수)+(두 자리 수)	2, 3, 4, 5의 단 곱셈구구를 이용한 나눗셈	(세 자리 수)÷(한 자리 수)
	2	5까지의 뺄셈	십의 자리에서 받아올림이 있는 (두 자리 수)+(두 자리 수)	6, 7, 8, 9의 단 곱셈구구를 이용한 나눗셈	(두·세 자리 수)÷(몇십)
	3	9까지의 뺄셈	일, 십의 자리에서 받아올림이 있는 (두 자리 수)+(두 자리 수)	곱셈구구를 이용한 나눗셈 ①	(두·세 자리 수)÷(두 자리 수)
	4	(한 자리 수)-(한 자리 수)	받아올림이 있는 (두 자리 수)+(두 자리 수)	곱셈구구를 이용한 나눗셈 ②	(세·네 자리 수)÷(두 자리 수)
3권	1	10이 되는 더하기	받아내림이 있는 (두 자리 수)-(두 자리 수) ①	(두 자리 수)×(한 자리 수) ①	덧셈과 뺄셈의 혼합 계산
	2	10에서 빼기	받아내림이 있는 (두 자리 수)-(두 자리 수) ②	(두 자리 수)×(한 자리 수) ②	곱셈과 나눗셈의 혼합 계산
	3	세 수의 계산 ①	세 수의 계산 ①	(두 자리 수)×(한 자리 수) ③	혼합 계산 1
	4	세 수의 계산 ②	세 수의 계산 ②	(두 자리 수)×(한 자리 수) ④	혼합 계산 2
4권	1	받아올림이 없는 (두 자리 수)+(한 자리 수)	2, 3, 4, 5의 단 곱셈구구	(네 자리 수)+(세 자리 수)	분수의 이해 1
	2	받아올림이 없는 (두 자리 수)+(두 자리 수)	6, 7, 8, 9의 단 곱셈구구	(네 자리 수)+(네 자리 수)	분수의 이해 2
	3	받아내림이 없는 (두 자리 수)-(한 자리 수)	곱셈구구 ①	(네 자리 수)-(세 자리 수)	분수의 이해 3
	4	받아내림이 없는 (두 자리 수)-(두 자리 수)	곱셈구구 ②	(네 자리 수)-(네 자리 수)	분수의 덧셈
5권	1	두 수의 합이 10이 되는 세 수의 덧셈	받아올림이 없는 (세 자리 수)+(세 자리 수)	(세 자리 수)×(한 자리 수)	분수의 덧셈
	2	(한 자리 수)+(한 자리 수) ①	일의 자리에서 받아올림이 있는 (세 자리 수)+(세 자리 수)	(한 자리 수)×(두 자리 수)	분수의 뺄셈 1
	3	(한 자리 수)+(한 자리 수) ②	십의 자리에서 받아올림이 있는 (세 자리 수)+(세 자리 수)	(두 자리 수)×(두 자리 수) ①	분수의 뺄셈 2
	4	(한 자리 수)+(한 자리 수)의 종합	일, 십의 자리에서 받아올림이 있는 (세 자리 수)+(세 자리 수)	(두 자리 수)×(두 자리 수) ②	세 분수의 덧셈과 뺄셈
6권	1	(십 몇)-(한 자리 수) ①	받아내림이 없는 (세 자리 수)-(세 자리 수)	(두 자리 수)÷(한 자리 수) ①	소수 한 자리 수의 덧셈
	2	(십 몇)-(한 자리 수) ②	십의 자리에서 받아내림이 있는 (세 자리 수)-(세 자리 수)	(두 자리 수)÷(한 자리 수) ②	소수 두·세 자리 수의 덧셈
	3	세 수의 덧셈	백의 자리에서 받아내림이 있는 (세 자리 수)-(세 자리 수)	(두 자리 수)÷(한 자리 수) ③	소수 한 자리 수의 뺄셈
	4	세 수의 뺄셈	십, 백의 자리에서 받아내림이 있는 (세 자리 수)-(세 자리 수)	(두 자리 수)÷(한 자리 수) ④	소수 두·세 자리 수의 뺄셈

Q&A 활용 가이드

Q

아이 수준을 몰라서
어느 단계의 교재를
선택하면 될지 모르겠어요.

A

한 페이지에서
틀린 문제가 6문제 이상이면
이전 단계의
교재부터 시작하세요.

계산 실수를 자주 해요.

정해진 시간 안에 푸는
연습으로 실전 감각을
키우세요.

시험 시간이 부족해요.

매일매일 공부하는
습관으로
정확성을 키우세요.

공부 계획을
스스로 세우기 힘들어요.

스케줄표를 이용해
계획을 세워
2주, 4주 완성에 도전하세요.

4주 완성 스케줄표

활용 방법 매일 2장(2차시)씩 풀면 24일 만에 완성할 수 있습니다.

1주	1일	2일	3일	4일	5일	6일
확인	12~15쪽	16~19쪽	20~23쪽	24~27쪽	28~31쪽	32~35쪽

2주	7일	8일	9일	10일	11일	12일
확인	40~43쪽	44~47쪽	48~51쪽	52~55쪽	56~59쪽	60~63쪽

3주	13일	14일	15일	16일	17일	18일
확인	68~71쪽	72~75쪽	76~79쪽	80~83쪽	84~87쪽	88~91쪽

4주	19일	20일	21일	22일	23일	24일
확인	96~99쪽	100~103쪽	104~107쪽	108~111쪽	112~115쪽	116~119쪽

※ 매일 4장(4차시)씩 풀면 12일 만에 완성할 수 있습니다.

1주 일의 자리에서 받아올림이 있는 (두 자리 수)+(두 자리 수)

학습 체크표 매일 학습이 끝나면 채점을 하고 체크표를 작성하여 나의 실력을 알아보세요.

차시	단계	공부한 날	잘 했나요?
1차시	1단계	월 일	😊 🙂 😑 😖
2차시		월 일	😊 🙂 😑 😖
3차시		월 일	😊 🙂 😑 😖
4차시		월 일	😊 🙂 😑 😖
5차시		월 일	😊 🙂 😑 😖
6차시		월 일	😊 🙂 😑 😖
7차시		월 일	😊 🙂 😑 😖
8차시		월 일	😊 🙂 😑 😖
9차시	2단계	월 일	😊 🙂 😑 😖
10차시		월 일	😊 🙂 😑 😖
11차시	3단계	월 일	😊 🙂 😑 😖
12차시		월 일	😊 🙂 😑 😖

틀린 개수가

0~1개이면 😊 (아주 잘함)에, 2~3개이면 🙂 (잘함)에,
4~5개이면 😑 (보통)에, 6개 이상이면 😖 (노력 바람)에 색칠해 주세요.

만화로 개념 알아보기

학습목표 일의 자리에서 받아올림이 있는 (두 자리 수)+(두 자리 수)의 계산을 여러 가지 방법으로 해결하고 덧셈의 기초를 다집니다.

1주

일상 생활에서 덧셈과 뺄셈을 활용하여 해결해야 되는 상황이 많아요.

사과 20개랑 배 5개면 모두 몇 개지?

닭 15마리에서 5마리를 빼면 몇 마리가 남지?

덧셈과 뺄셈은 곱셈과 나눗셈의 기초가 된답니다.

따라서 정확하게 계산할 수 있는 능력과 어림할 수 있는 능력을 반복적 학습으로 길러야 해요.

그래서 모두 몇 개냐고요~

남은 닭은 몇 마리지?

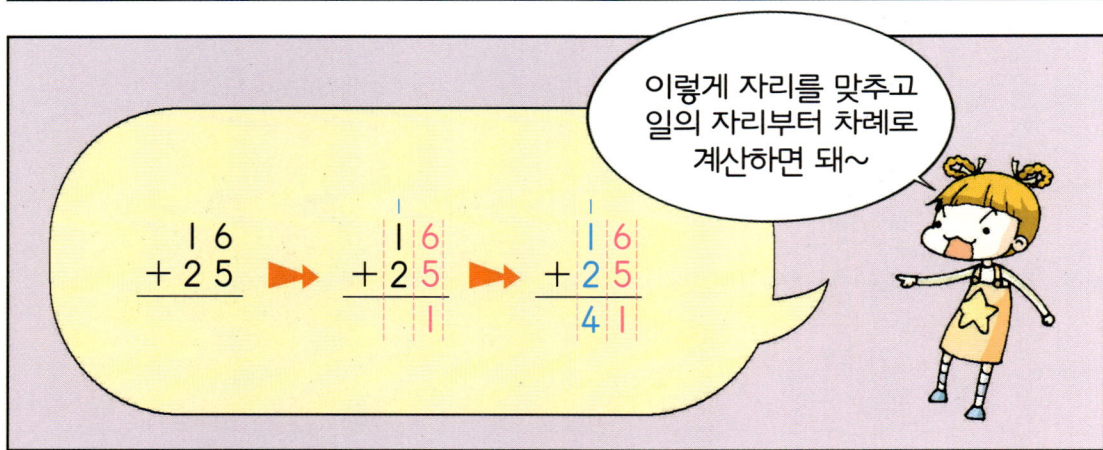

💠 덧셈을 하시오.

(1)
```
    3 6
  + 2 4
  ─────
    6 0
```
① 일의 자리 계산
6+4=10
② 0은 일의 자리에 쓰고, 10은 십의 자리로 받아올림하여 작게 1이라고 씁니다.
③ 십의 자리 계산 1+3+2=6

(2)
```
    3 7
  + 1 3
  ─────
```

(3)
```
    2 7
  + 3 5
  ─────
```
① 일의 자리 계산
7+5=12
② 2는 일의 자리에 쓰고, 10은 십의 자리로 받아올림하여 작게 1이라고 씁니다.
③ 십의 자리 계산 1+2+3=6

(4)
```
    2 6
  + 5 7
  ─────
```

(5)
```
    2 9
  + 4 3
  ─────
```

(6)
```
    4 8
  + 2 5
  ─────
```

(7)
```
    3 4
  + 1 9
  ─────
```

(8)
```
    3 5
  + 4 6
  ─────
```

 꼭꼭   일의 자리에서 받아올림이 있는 (두 자리 수)+(두 자리 수)의 계산은 일의 자리부터 차례로 계산하고, 일의 자리에서 받아올림한 10은 십의 자리 위에 작게 1이라고 쓰고 십의 자리를 계산합니다.

덧셈을 하시오.

1주

(9)
```
    2  5
 +  3  5
 --------
```

(10)
```
    2  8
 +  3  3
 --------
```

(11)
```
    4  3
 +  2  7
 --------
```

(12)
```
    1  3
 +  3  9
 --------
```

(13)
```
    2  2
 +  6  8
 --------
```

(14)
```
    4  7
 +  2  7
 --------
```

(15)
```
    1  4
 +  7  6
 --------
```

(16)
```
    2  9
 +  5  2
 --------
```

(17)
```
    2  5
 +  3  9
 --------
```

(18)
```
    1  7
 +  4  5
 --------
```

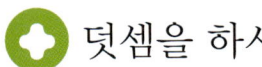 덧셈을 하시오.

(1)

```
   4 7
 + 2 6
```

① 일의 자리 계산 7+6=13
② 3은 일의 자리에 쓰고, 10은 십의 자리로 받아올림하여 작게 1이라고 씁니다.
③ 십의 자리 계산 1+4+2=7

(2)

```
   3 3
 + 5 8
```

(3)

```
   2 8
 + 5 7
```

(4)

```
   3 6
 + 1 9
```

(5)

```
   2 5
 + 4 7
```

(6)

```
   2 5
 + 2 8
```

(7)

```
   3 8
 + 5 6
```

(8)

```
   1 5
 + 6 9
```

(9)

```
   2 7
 + 4 8
```

(10)

```
   2 8
 + 3 9
```

 일의 자리에서 받아올림이 있는 (두 자리 수)+(두 자리 수)의 계산은 일의 자리부터 차례로 계산하고, 일의 자리에서 받아올림한 10은 십의 자리 위에 작게 1이라고 쓰고 십의 자리를 계산합니다.

표준완성시간 : 2~3분

공부한 날 　월　일

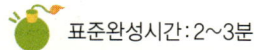 덧셈을 하시오.

(11)
```
   2 4
 + 3 7
```

(12)
```
   2 8
 + 4 3
```

(13)
```
   3 9
 + 4 7
```

(14)
```
   1 9
 + 4 2
```

(15)
```
   4 4
 + 3 9
```

(16)
```
   2 7
 + 5 6
```

(17)
```
   6 9
 + 1 5
```

(18)
```
   1 8
 + 7 8
```

(19)
```
   5 7
 + 3 6
```

(20)
```
   2 6
 + 4 8
```

(21)
```
   2 9
 + 2 6
```

(22)
```
   1 2
 + 5 9
```

 덧셈을 하시오.

(1)
```
    2 5
  + 3 5
```

(2)
```
    1 7
  + 3 7
```

(3)
```
    1 3
  + 7 9
```

(4)
```
    4 8
  + 2 5
```

(5)
```
    3 8
  + 2 3
```

(6)
```
    4 7
  + 1 5
```

(7)
```
    2 6
  + 5 4
```

(8)
```
    6 9
  + 2 9
```

(9)
```
    5 3
  + 2 8
```

(10)
```
    1 8
  + 2 7
```

(11)
```
    5 7
  + 3 9
```

(12)
```
    4 9
  + 2 3
```

표준완성시간 : 2~3분

공부한 날   월   일

 1주

❖ 덧셈을 하시오.

(13)
```
   3 7
 + 2 6
```

(14)
```
   6 8
 + 1 4
```

(15)
```
   3 4
 + 4 9
```

(16)
```
   2 8
 + 1 7
```

(17)
```
   4 7
 + 3 8
```

(18)
```
   2 5
 + 5 7
```

(19)
```
   2 5
 + 2 6
```

(20)
```
   2 7
 + 4 9
```

(21)
```
   5 5
 + 3 8
```

(22)
```
   3 3
 + 2 8
```

(23)
```
   4 6
 + 1 8
```

(24)
```
   2 6
 + 6 9
```

 덧셈을 하시오.

(1) 36+27 = ☐

① 56
② 63

36+20=56
56+7=63

· 27을 20과 7로 가릅니다.
· 36에 20을 먼저 더하고 7을 더합니다.
· 36+20=56, 56+7=63

(2) 45+18 = ☐
①
②

(3) 28+38 = ☐
①
②

(4) 29+26 = ☐
①
②

(5) 39+27 = ☐
①
②

(6) 37+45 = ☐
①
②

(7) 15+48 = ☐
①
②

 뒤에 있는 몇십 몇을 몇십과 몇으로 나누어 앞에 있는 몇십 몇에 몇십을 먼저 더한 후 몇을 더하는 계산
방법입니다. 충분한 연습을 한 후 암산으로 해결할 수 있도록 합니다.
(몇십 몇)+(몇십 몇) ⇨ (몇십 몇)+(몇십)+(몇)

🟢 덧셈을 하시오.

(8) $56 + 25 = \boxed{}$　　　(9) $34 + 27 = \boxed{}$

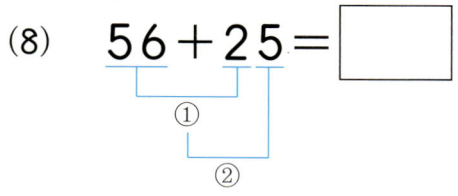

(10) $75 + 18 = \boxed{}$　　　(11) $66 + 15 = \boxed{}$

(12) $18 + 26 = \boxed{}$　　　(13) $38 + 33 = \boxed{}$

(14) $48 + 39 = \boxed{}$　　　(15) $57 + 24 = \boxed{}$

(16) $26 + 49 = \boxed{}$　　　(17) $16 + 57 = \boxed{}$

5 차시 일의 자리에서 받아올림이 있는 (두 자리 수)+(두 자리 수)

1 단계

➕ 덧셈을 하시오.

(1) $22+28=$

(2) $64+29=$

(3) $49+31=$

(4) $29+36=$

(5) $43+27=$

(6) $24+58=$

(7) $24+46=$

(8) $49+39=$

(9) $59+16=$

(10) $28+29=$

(11) $45+17=$

(12) $33+28=$

(13) $35+39=$

(14) $16+35=$

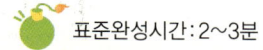 덧셈을 하시오.

(15) $37+33=$　　　　　(16) $45+25=$

(17) $52+18=$　　　　　(18) $29+51=$

(19) $34+37=$　　　　　(20) $36+29=$

(21) $36+26=$　　　　　(22) $58+27=$

(23) $39+44=$　　　　　(24) $48+23=$

(25) $78+16=$　　　　　(26) $19+39=$

(27) $57+29=$　　　　　(28) $39+28=$

6차시

일의 자리에서 받아올림이 있는 (두 자리 수)+(두 자리 수)

1단계

○ 덧셈을 하시오.

(1) $36+29=$ ⬜

```
36+29
 ①
 50
    ②
    15
      ③
      65
```

· 36을 30과 6으로 가르고, 29를 20과 9로 가릅니다.
· 30과 20을 더하고, 6과 9를 더합니다.
· $30+20=50$, $6+9=15$
  $50+15=65$

(2) $37+23=$ ⬜

(3) $28+36=$ ⬜

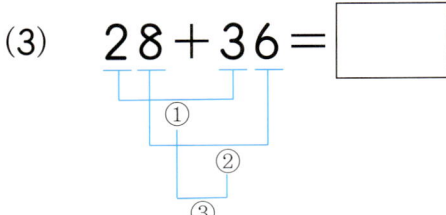

(4) $38+45=$ ⬜

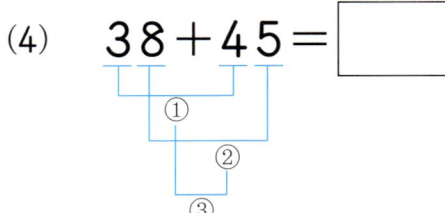

(5) $64+19=$ ⬜

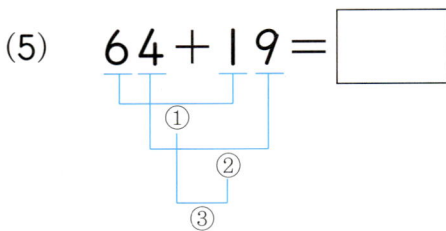

(6) $39+17=$ ⬜

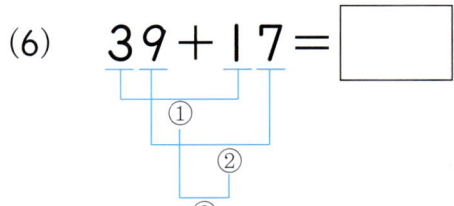

(7) $52+29=$ ⬜

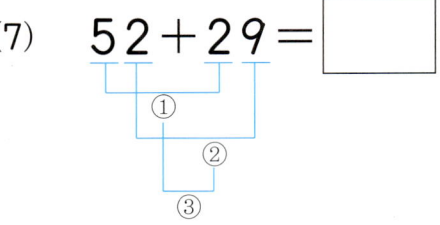

 몇십 몇을 몇십과 몇으로 나누어 몇십끼리 더하고 몇끼리 더하여 몇십과 십몇을 더하는 계산 방법입니다. 충분한 연습을 한 후 암산으로 해결할 수 있도록 합니다.
$36+29=30+6+20+9=30+20+6+9=50+15=65$

○ 덧셈을 하시오.

(8) 43 + 17 = ☐
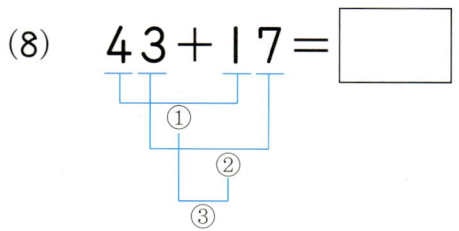

(9) 36 + 47 = ☐
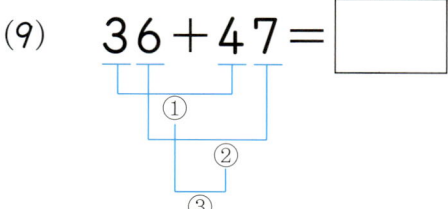

(10) 18 + 37 = ☐

(11) 29 + 26 = ☐

(12) 46 + 46 = ☐

(13) 72 + 19 = ☐

(14) 45 + 26 = ☐

(15) 49 + 36 = ☐

(16) 39 + 28 = ☐

(17) 28 + 53 = ☐

● 덧셈을 하시오.

(1) $28+34=$ (2) $64+16=$

(3) $65+18=$ (4) $37+25=$

(5) $54+27=$ (6) $23+38=$

(7) $56+29=$ (8) $45+19=$

(9) $24+37=$ (10) $49+23=$

(11) $29+25=$ (12) $38+44=$

(13) $27+44=$ (14) $59+27=$

 덧셈을 하시오.

(15)　$25 + 36 =$　　　　(16)　$63 + 29 =$

(17)　$54 + 29 =$　　　　(18)　$58 + 17 =$

(19)　$37 + 58 =$　　　　(20)　$55 + 28 =$

(21)　$29 + 62 =$　　　　(22)　$47 + 38 =$

(23)　$26 + 39 =$　　　　(24)　$36 + 25 =$

(25)　$57 + 26 =$　　　　(26)　$28 + 48 =$

(27)　$37 + 54 =$　　　　(28)　$58 + 27 =$

일의 자리에서 받아올림이 있는
(두 자리 수)+(두 자리 수)

 가로셈을 세로셈으로 고쳐 계산하시오.

(1) 64＋27

```
    6 4
+   2 7
─────────
    9 1
```

(2) 43＋17

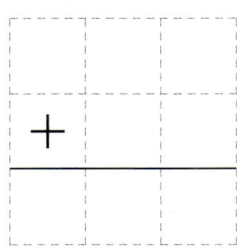

(3) 39＋41

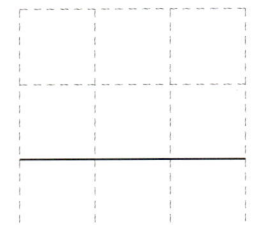

(4) 38＋37

(5) 29＋23

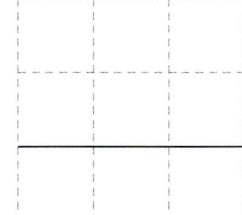

(6) 36＋48

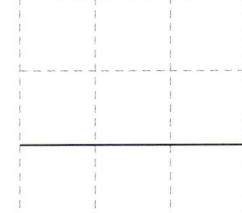

(7) 25＋37

(8) 49＋25

(9) 68＋29

 가로셈을 세로셈으로 고쳐 계산할 때에는 자리를 맞추어 쓰고 일의 자리, 십의 자리의 순서로 계산합니다.

➕ 가로셈을 세로셈으로 고쳐 계산하시오.

(10) $47+19$

(11) $39+29$

(12) $38+23$

(13) $56+29$

(14) $38+24$

(15) $12+79$

(16) $59+34$

(17) $18+57$

(18) $47+47$

(19) $37+58$

(20) $16+36$

(21) $38+45$

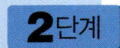
➕ 빈칸에 알맞은 수를 써넣으시오.

(1)

+	16	37	39	28	49
43	59				
36					

(2)

+	57	36	28	29	47
27					
34					

(3)

+	48	36	29	35	16
45					
26					

 가로줄의 수와 세로줄의 수를 더하여 빈칸에 써넣도록 합니다. 지금까지 충분한 연습을 하였으므로 따로
식을 세우지 말고 암산으로 계산하도록 합니다.

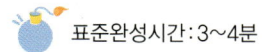

공부한 날 　　월　　일

1주

● 빈칸에 알맞은 수를 써넣으시오.

(4)

+	16	29	38	17	37
32					
21					

(5)

+	37	29	38	18	19
53					
27					

(6)

+	25	64	57	16	48
16					
28					

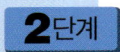

10 차시 일의 자리에서 받아올림이 있는
(두 자리 수)+(두 자리 수)

2단계

✚ 빈칸에 알맞은 수를 써넣으시오.

(1)

+	35	43	36	17	48
24					
17					

(2)

+	18	27	37	48	59
35					
13					

(3)

+	34	55	43	16	28
27					
39					

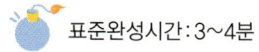

○ 빈칸에 알맞은 수를 써넣으시오.

(4)

15	21	13	18	26
+10	+11	+12	+13	+14
25				
+19	+10	+11	+12	+13
44				
+18	+19	+10	+11	+12
62				
+17	+18	+19	+10	+11
79				

💠 ☐ 안에 알맞은 숫자를 써넣으시오.

(1)
```
  ☐ 7
+ 3 5
─────
  6 2
```
① 일의 자리 계산
 7+5=12
② 2는 일의 자리에
 쓰고, 10은 십의
 자리로 받아올림
 합니다.
③ 십의 자리 계산
 1+☐+3=6
→☐ 안의 숫자는 2

(2)
```
  ☐ 7
+ 5 3
─────
  7 0
```

(3)
```
  3 7
+ ☐ 5
─────
  9 2
```

(4)
```
  2 8
+ ☐ 3
─────
  8 1
```

(5)
```
  4 ☐
+ 3 6
─────
  8 5
```
어떤 수에 6을 더
하면 15가 되는지
알아봅니다.

(6)
```
  5 ☐
+ 1 3
─────
  7 0
```

(7)
```
  5 7
+ 1 ☐
─────
  7 4
```

(8)
```
  2 8
+ 4 ☐
─────
  7 2
```

꼭꼭 일의 자리 계산에서 ☐+(어떤 수) 또는 (어떤 수)+☐의 결과가 어떤 수보다 작으면 십의 자리로 10을 받아올림한 것이므로 십의 자리 계산에서 주의하도록 합니다.

❤ □ 안에 알맞은 숫자를 써넣으시오.

(9)
```
    □ 5
 +  1 □
    5 1
```

(10)
```
    □ 8
 +  2 □
    6 3
```

(11)
```
    2 □
 +  □ 5
    9 1
```

(12)
```
    2 □
 +  □ 7
    9 6
```

(13)
```
    □ □
 +  3 8
    8 5
```

(14)
```
    □ □
 +  2 9
    7 5
```

(15)
```
    4 7
 +  □ □
    8 3
```

(16)
```
    2 6
 +  □ □
    6 3
```

✚  □ 안에 알맞은 숫자를 써넣으시오.

(1) $34 + 1\boxed{} = 52$ (2) $2\boxed{} + 34 = 61$

(3) $48 + 1\boxed{} = 63$ (4) $4\boxed{} + 28 = 74$

(5) $32 + 2\boxed{} = 61$ (6) $5\boxed{} + 27 = 83$

(7) $57 + \boxed{} = 85$ (8) $\boxed{} + 26 = 64$

(9) $65 + \boxed{} = 82$ (10) $\boxed{} + 37 = 64$

(11) $39 + \boxed{} = 54$ (12) $54 + \boxed{} = 80$

주어진 계산 방법으로 덧셈을 하시오.

$$27+38=30-3+40-2=70-5=65$$

(13) $48+25=$

(14) $26+57=$

(15) $58+16=$

(16) $28+49=$

(17) $13+39=$

(18) $29+53=$

(19) $46+37=$

2주 십의 자리에서 받아올림이 있는 (두 자리 수)+(두 자리 수)

차시	단계	공부한 날	잘 했나요?			
13차시		월 일	☺	☺	😐	😣
14차시		월 일	☺	☺	😐	😣
15차시		월 일	☺	☺	😐	😣
16차시		월 일	☺	☺	😐	😣
17차시	1단계	월 일	☺	☺	😐	😣
18차시		월 일	☺	☺	😐	😣
19차시		월 일	☺	☺	😐	😣
20차시		월 일	☺	☺	😐	😣
21차시	2단계	월 일	☺	☺	😐	😣
22차시		월 일	☺	☺	😐	😣
23차시	3단계	월 일	☺	☺	😐	😣
24차시		월 일	☺	☺	😐	😣

만화로 개념 알아보기

학습목표 십의 자리에서 받아올림이 있는 (두 자리 수)+(두 자리 수)의 계산을 여러 가지 방법으로 해결하고 덧셈의 기초를 다집니다.

가로셈으로 해야 해.

아냐, 세로셈이 편해!

잠깐만~

1+1은 얼마지?

2!

20+40은?

60이지!

그럼 97+42는?

아….

빨리 계산하기 어렵지? 97+42를 세로셈으로 계산해 보자.

그래~

히히~

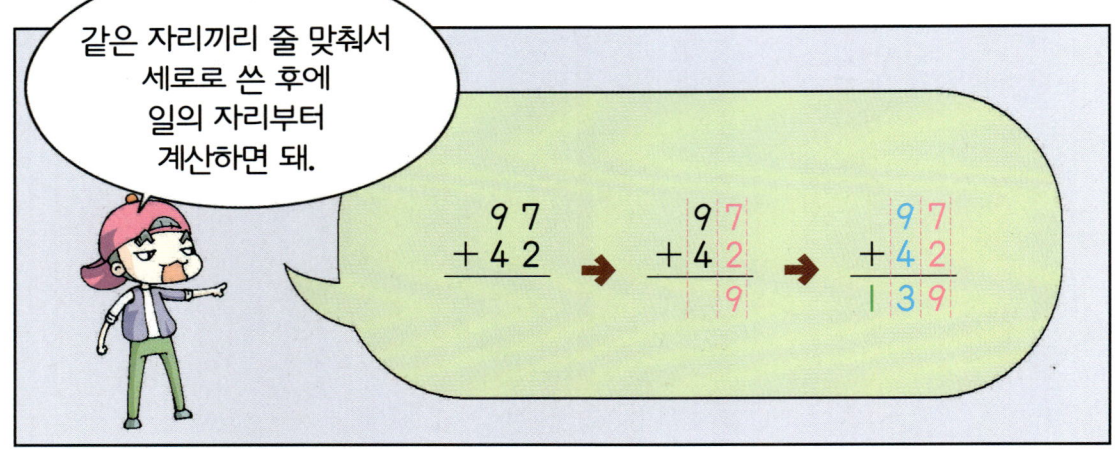

이것 봐~
산딸기를 잔뜩 땄어~

난 72개나
땄어!

난 53개를
땄어!

둘이 딴 산딸기는
모두 몇 개야?

몇 개지?

글쎄…

그런데
그건 왜?

그걸 알아야
내가 몇 개 먹을지
결정하지~

뭐?

백의 자리	십의 자리	일의 자리

125개 중에
몇 개를 먹지!

$$72 + 53 \rightarrow \begin{array}{r} 7\,2 \\ +\,5\,3 \\ \hline 5 \end{array} \rightarrow \begin{array}{r} 7\,2 \\ +\,5\,3 \\ \hline 1\,2\,5 \end{array}$$

 덧셈을 하시오.

(1)

	6	1
+	4	2
1	0	3

① 일의 자리 계산
  1+2=3
② 십의 자리 계산
  6+4=10에서
  0은 십의 자리에
  쓰고, 1은 백의
  자리에 씁니다.

(2)

	7	0
+	3	0

(3)

	4	2
+	8	3

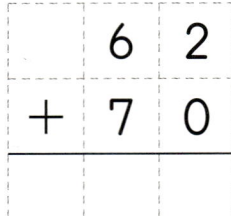

① 일의 자리 계산
  2+3=5
② 십의 자리 계산
  4+8=12에서
  2는 십의 자리에
  쓰고, 1은 백의
  자리에 씁니다.

(4)

	6	2
+	7	0

(5)

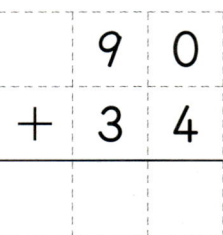

	9	0
+	3	4

(6)

	7	4
+	5	2

(7)

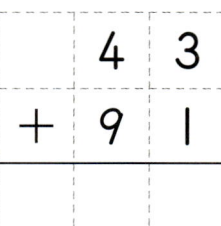

	4	3
+	9	1

(8)

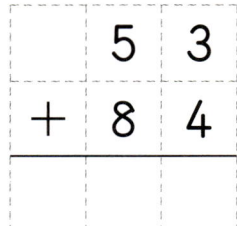

	5	3
+	8	4

 십의 자리에서 받아올림이 있는 (두 자리 수)+(두 자리 수)의 계산은 일의 자리부터 차례로 계산하고, 십의 자리에서 받아올림한 10은 백의 자리에 1이라고 씁니다.

덧셈을 하시오.

(9)
```
    5 0
+   5 0
```

(10)
```
    8 5
+   3 3
```

(11)
```
    3 4
+   7 2
```

(12)
```
    3 1
+   9 3
```

(13)
```
    2 2
+   8 6
```

(14)
```
    7 0
+   7 2
```

(15)
```
    4 1
+   6 7
```

(16)
```
    9 2
+   2 5
```

(17)
```
    5 2
+   9 0
```

(18)
```
    7 1
+   5 4
```

➕ 덧셈을 하시오.

(1)
```
    7 4
  + 6 2
```
① 일의 자리 계산 4+2=6
② 십의 자리 계산 7+6=13에서 3은 십의 자리에
   쓰고, 1은 백의 자리에 씁니다.

(2)
```
    3 3
  + 8 6
```

(3)
```
    8 2
  + 2 5
```

(4)
```
    6 3
  + 9 1
```

(5)
```
    5 2
  + 7 4
```

(6)
```
    5 3
  + 8 2
```

(7)
```
    8 3
  + 6 4
```

(8)
```
    5 1
  + 9 6
```

(9)
```
    7 2
  + 8 4
```

(10)
```
    4 3
  + 9 5
```

 꼭꼭 일의 자리부터 차례로 계산하고, 십의 자리에서 받아올림한 10은 백의 자리에 1이라고 씁니다.

덧셈을 하시오.

(11)
```
    4 2
 +  7 3
```

(12)
```
    8 2
 +  3 4
```

(13)
```
    9 3
 +  7 4
```

(14)
```
    9 1
 +  2 4
```

(15)
```
    4 4
 +  9 3
```

(16)
```
    7 2
 +  6 5
```

(17)
```
    9 6
 +  5 1
```

(18)
```
    8 1
 +  7 7
```

(19)
```
    7 5
 +  6 3
```

(20)
```
    6 2
 +  8 4
```

(21)
```
    9 2
 +  6 2
```

(22)
```
    2 1
 +  9 5
```

 덧셈을 하시오.

(1)
```
    5 2
  + 5 3
```

(2)
```
    7 1
  + 7 3
```

(3)
```
    3 1
  + 9 7
```

(4)
```
    8 4
  + 5 2
```

(5)
```
    4 3
  + 7 2
```

(6)
```
    7 4
  + 5 1
```

(7)
```
    6 2
  + 4 5
```

(8)
```
    9 6
  + 9 2
```

(9)
```
    3 5
  + 8 2
```

(10)
```
    8 1
  + 7 2
```

(11)
```
    7 5
  + 9 3
```

(12)
```
    9 4
  + 3 2
```

➕ 덧셈을 하시오.

(13)
```
   7 3
 + 6 2
```

(14)
```
   8 6
 + 4 1
```

(15)
```
   4 3
 + 9 4
```

(16)
```
   8 2
 + 7 2
```

(17)
```
   6 4
 + 6 3
```

(18)
```
   5 2
 + 7 5
```

(19)
```
   5 2
 + 6 1
```

(20)
```
   7 2
 + 9 4
```

(21)
```
   5 5
 + 8 3
```

(22)
```
   3 3
 + 8 2
```

(23)
```
   6 4
 + 8 1
```

(24)
```
   6 2
 + 9 6
```

 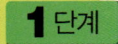
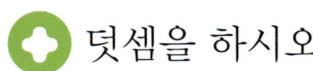 덧셈을 하시오.

(1) 63+92= ☐

- 63을 60과 3으로 가르고, 92를 90과 2로 가릅니다.
- 60과 90을 더하고, 3과 2를 더합니다.
- 60+90=150, 3+2=5
  150+5=155

(2) 73+32= ☐

(3) 82+36= ☐

(4) 72+45= ☐

(5) 64+91= ☐

(6) 93+71= ☐

(7) 25+92= ☐

 꼭꼭
몇십 몇을 몇십과 몇으로 나누어 몇십끼리 더하고 몇끼리 더하여 백 몇십과 몇을 더하는 계산 방법입니다. 충분한 연습을 한 후 암산으로 해결할 수 있도록 합니다.
63+92=60+3+90+2=60+90+3+2=150+5=155

➕ 덧셈을 하시오.

(8) $34 + 71 = \boxed{}$

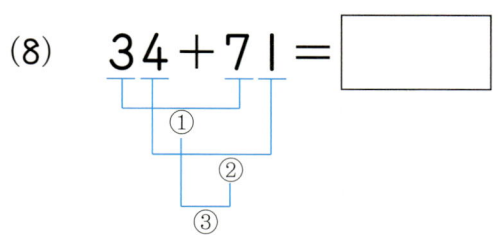

(9) $63 + 74 = \boxed{}$

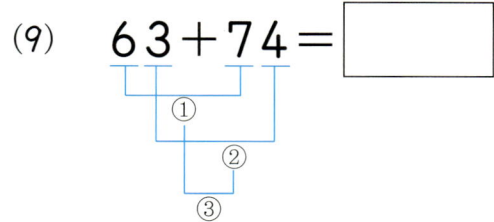

(10) $86 + 73 = \boxed{}$

(11) $92 + 62 = \boxed{}$

(12) $64 + 63 = \boxed{}$

(13) $72 + 91 = \boxed{}$

(14) $85 + 62 = \boxed{}$

(15) $94 + 62 = \boxed{}$

(16) $93 + 82 = \boxed{}$

(17) $82 + 35 = \boxed{}$

2주

 덧셈을 하시오.

(1)　82+23=

(2)　48+61=

(3)　56+81=

(4)　73+52=

(5)　45+72=

(6)　32+83=

(7)　67+92=

(8)　54+91=

(9)　36+83=

(10)　98+81=

(11)　92+52=

(12)　83+94=

(13)　72+44=

(14)　95+72=

 덧셈을 하시오.

(15) $52+63=$

(16) $36+92=$

(17) $45+92=$

(18) $85+71=$

(19) $73+85=$

(20) $85+82=$

(21) $92+26=$

(22) $74+83=$

(23) $64+91=$

(24) $86+52=$

(25) $75+62=$

(26) $82+84=$

(27) $77+41=$

(28) $44+73=$

➕ 덧셈을 하시오.

(1) $63+72=$ [   ]

· 72를 70과 2로 가릅니다.
· 63에 70을 먼저 더하고 2를 더합니다.
· $63+70=133$, $133+2=135$

①
133
②
135

$63+70=133$
$133+2=135$

(2) $54+81=$ [   ]
①
②

(3) $82+83=$ [   ]
①
②

(4) $92+62=$ [   ]
①
②

(5) $93+72=$ [   ]
①
②

(6) $73+54=$ [   ]
①
②

(7) $52+84=$ [   ]
①
②

 꼭꼭 더하는 수를 몇십과 몇으로 나누어 몇십을 먼저 더하고 몇을 더하는 계산 방법입니다. 충분한 연습을 한
후 암산으로 해결할 수 있도록 합니다.
$63+72=63+70+2=133+2=135$

 덧셈을 하시오.

(8) $65+52=$ ⬚

①
②

(9) $47+72=$ ⬚

①
②

(10) $57+81=$ ⬚

(11) $66+51=$ ⬚

(12) $81+62=$ ⬚

(13) $83+33=$ ⬚

(14) $84+93=$ ⬚

(15) $75+42=$ ⬚

(16) $62+94=$ ⬚

(17) $61+75=$ ⬚

○ 덧셈을 하시오.

(1) 22+82=

(2) 46+92=

(3) 94+13=

(4) 92+63=

(5) 37+72=

(6) 42+85=

(7) 42+64=

(8) 94+83=

(9) 95+61=

(10) 82+92=

(11) 54+71=

(12) 33+82=

(13) 53+93=

(14) 61+53=

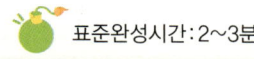

공부한 날 월 일

덧셈을 하시오.

(15) 73+33=

(16) 54+52=

(17) 25+81=

(18) 92+15=

(19) 43+73=

(20) 63+92=

(21) 63+62=

(22) 85+72=

(23) 93+44=

(24) 51+58=

(25) 87+61=

(26) 91+93=

(27) 75+92=

(28) 93+82=

2주

 가로셈을 세로셈으로 고쳐 계산하시오.

(1) 64+72

```
    6  4
+   7  2
────────
 1  3  6
```

(2) 34+71

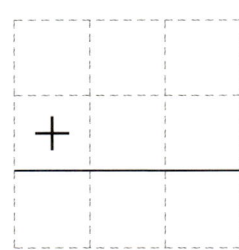

(3) 97+41

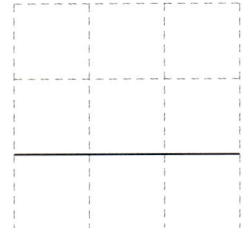

(4) 83+52

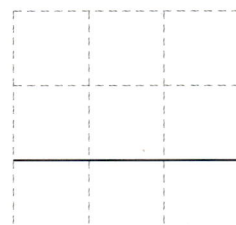

(5) 97+32

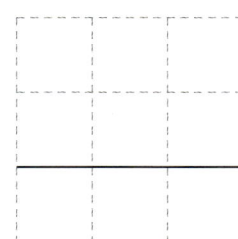

(6) 63+84

(7) 52+73

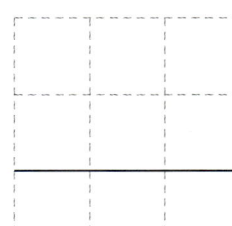

(8) 94+52

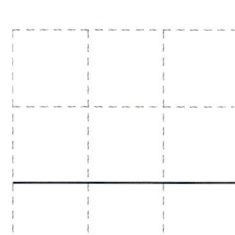

(9) 86+92

 가로셈을 세로셈으로 고쳐 계산할 때에는 자리를 맞추어 쓰고 일의 자리, 십의 자리의 순서로 받아올림
에 주의하여 계산합니다.

 가로셈을 세로셈으로 고쳐 계산하시오.

(10) 74+91

(11) 97+92

(12) 83+32

(13) 65+92

(14) 83+42

(15) 21+97

(16) 95+43

(17) 81+75

(18) 74+43

(19) 73+86

(20) 66+63

(21) 83+64

21 차시 십의 자리에서 받아올림이 있는 (두 자리 수)+(두 자리 수)

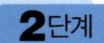

2단계

➕ 빈칸에 알맞은 수를 써넣으시오.

(1)

+	61	50	93	82	64
43	104				
51					

(2)

+	84	63	90	53	61
54					
62					

(3)

+	32	75	46	54	91
70					
83					

가로줄의 수와 세로줄의 수를 더하여 빈칸에 써넣도록 합니다. 지금까지 충분한 연습을 하였으므로 따로 식을 세우지 말고 암산으로 계산하도록 합니다.

✿ 빈칸에 알맞은 수를 써넣으시오.

(4)

+	61	92	70	73	52
32					
61					

(5)

+	56	75	84	92	61
53					
72					

(6)

+	97	65	46	73	82
61					
82					

➕ 빈칸에 알맞은 수를 써넣으시오.

(1)

+	63	41	82	71	84
42					
51					

(2)

+	61	92	54	76	80
53					
61					

(3)

+	36	75	42	84	61
72					
93					

● 빈칸에 알맞은 수를 써넣으시오.

(4)

22	32	35	53	43
+22	+32	+30	+11	+13
44				
+21	+12	+21	+11	+20
65				
+30	+21	+11	+22	+11
+12	+31	+21	+30	+50

✿ □ 안에 알맞은 숫자를 써넣으시오.

(1)

```
    6 □
  + 5 3
  1 1 5
```

□+3=5
→□ 안의 숫자는 2

(2)

```
    7 □
  + 3 5
  1 0 6
```

(3)

```
    7 3
  + 5 □
  1 2 9
```

3+□=9
→□ 안의 숫자는 6

(4)

```
    8 2
  + 3 □
  1 1 7
```

(5)

```
    □ 4
  + 6 3
  1 5 7
```

□+6=15
→□ 안의 숫자는 9

(6)

```
    □ 5
  + 3 1
  1 0 6
```

(7)

```
    5 7
  + □ 1
  1 4 8
```

5+□=14
→□ 안의 숫자는 9

(8)

```
    8 2
  + □ 4
  1 2 6
```

꼭꼭 | 십의 자리의 계산에서 □+(어떤 수) 또는 (어떤 수)+□의 결과가 어떤 수보다 작으면 백의 자리로 10을 받아올림한 것이므로 십의 자리 계산에서 주의하도록 합니다.

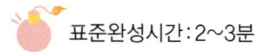

✿ □ 안에 알맞은 숫자를 써넣으시오.

(9)

```
      [ ] 3
  +  6 [ ]
  ───────
   1  1  4
```

① 일의 자리
   3+□=4
   →□ 안의 숫자는 1
② 십의 자리
   □+6=11
   →□ 안의 숫자는 5

(10)

```
      [ ] 3
  +  5 [ ]
  ───────
   1  3  5
```

(11)

```
    6 [ ]
  + [ ] 7
  ───────
   1  1  9
```

(12)

```
    9 [ ]
  + [ ] 6
  ───────
   1  6  8
```

(13)

```
   [ ][ ]
  +  8  3
  ───────
   1  5  7
```

(14)

```
   [ ][ ]
  +  9  2
  ───────
   1  5  6
```

(15)

```
    7  4
  + [ ][ ]
  ───────
   1  3  9
```

(16)

```
    6  3
  + [ ][ ]
  ───────
   1  3  5
```

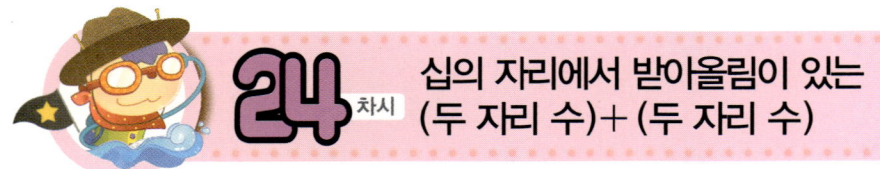

24 차시 · 십의 자리에서 받아올림이 있는
(두 자리 수) + (두 자리 수)

3단계

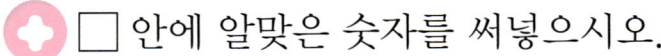 안에 알맞은 숫자를 써넣으시오.

(1)

```
      □  6
  +  9  □
  1  3  8
```

① 일의 자리
 6 + □ = 8
 → □ 안의 숫자는 2
② 십의 자리
 □ + 9 = 13
 → □ 안의 숫자는 4

(2)

```
      □  4
  +  7  □
  1  2  7
```

(3)

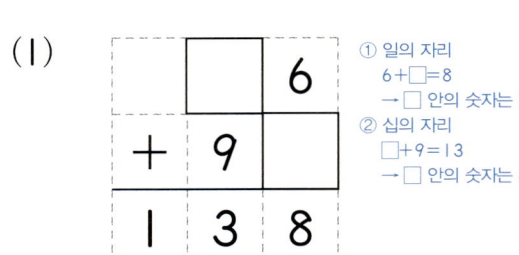

```
      6  □
  +  □  7
  1  1  9
```

(4)

```
      9  □
  +  □  7
  1  6  8
```

(5)

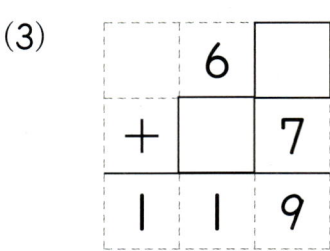

```
      □  □
  +  8  5
  1  5  7
```

(6)

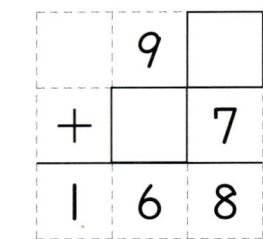

```
      □  □
  +  9  3
  1  5  6
```

(7)

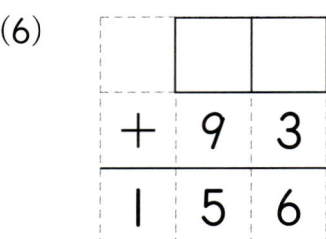

```
      7  5
  +  □  □
  1  3  9
```

(8)

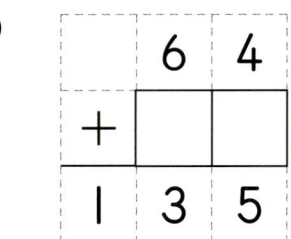

```
      6  4
  +  □  □
  1  3  5
```

 □ 안에 알맞은 숫자를 써넣으시오.

(9) $34 + 8\boxed{} = 115$　　(10) $3\boxed{} + 90 = 126$

(11) $84 + 5\boxed{} = 135$　　(12) $8\boxed{} + 71 = 151$

(13) $32 + 9\boxed{} = 124$　　(14) $8\boxed{} + 82 = 167$

(15) $63 + 5\boxed{} = 115$　　(16) $7\boxed{} + 86 = 157$

(17) $57 + \boxed{} = 139$　　(18) $\boxed{} + 52 = 138$

(19) $65 + \boxed{} = 136$　　(20) $\boxed{} + 94 = 166$

3주 일, 십의 자리에서 받아올림이 있는 (두 자리 수)+(두 자리 수)

학습 체크표 매일 학습이 끝나면 채점을 하고 체크표를 작성하여 나의 실력을 알아보세요.

차시	단계	공부한 날		잘 했나요?			
25차시		월	일	☺	☺	☹	☹
26차시		월	일	☺	☺	☹	☹
27차시		월	일	☺	☺	☹	☹
28차시		월	일	☺	☺	☹	☹
29차시	1단계	월	일	☺	☺	☹	☹
30차시		월	일	☺	☺	☹	☹
31차시		월	일	☺	☺	☹	☹
32차시		월	일	☺	☺	☹	☹
33차시	2단계	월	일	☺	☺	☹	☹
34차시		월	일	☺	☺	☹	☹
35차시	3단계	월	일	☺	☺	☹	☹
36차시		월	일	☺	☺	☹	☹

틀린 개수가

0~1개이면 ☺ (아주 잘함)에, 2~3개이면 ☺ (잘함)에,

4~5개이면 ☹ (보통)에, 6개 이상이면 ☹ (노력 바람)에 색칠해 주세요.

학습목표 일, 십의 자리에서 받아올림이 있는 (두 자리 수)+(두 자리 수)의 계산을 여러 가지 방법으로 해결하고 덧셈의 기초를 다집니다.

와~
버스다~

버스 번호판의 숫자로 덧셈을 해 볼까?

와~
대단해~

번호판의 숫자가 6248이니까 62+48을 만들어서 계산하면

$$\begin{array}{r} 6\,2 \\ +\ 4\,8 \\ \hline 1\,1\,0 \end{array}$$

이렇게 돼~

이번엔 9546번 차 번호로도 덧셈해 봐~

너희들이 해.

3주

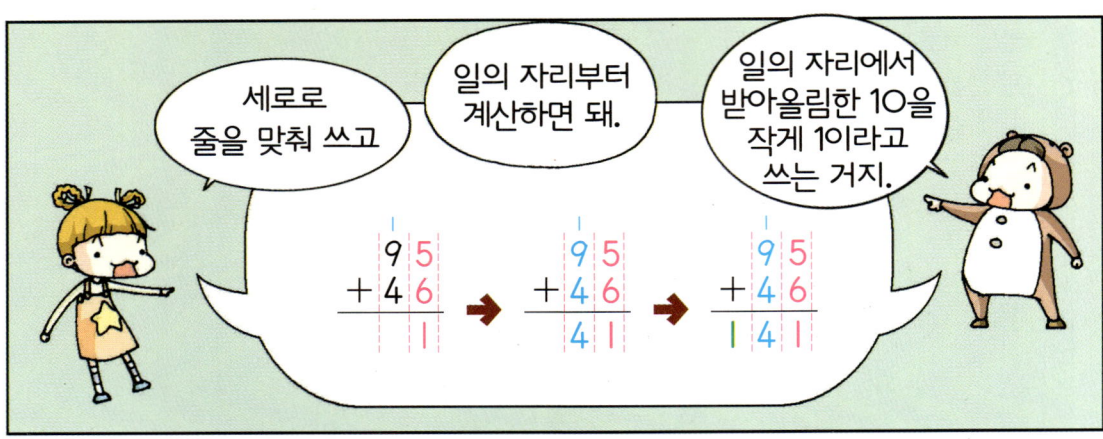

난 이런 아령도 가볍게 들 수 있지!

난 2개나 들 수 있어!

이것도 들 수 있어?

허억

공원에 있던 남자 아이들 58명을 데려와야겠어!

여자 아이들 74명도 데려와야겠어!

남자 58명과 여자 74명을 합하면 모두 몇 명이야?

음… 글쎄…

힘 자랑 말고 수학 공부부터 하시지~

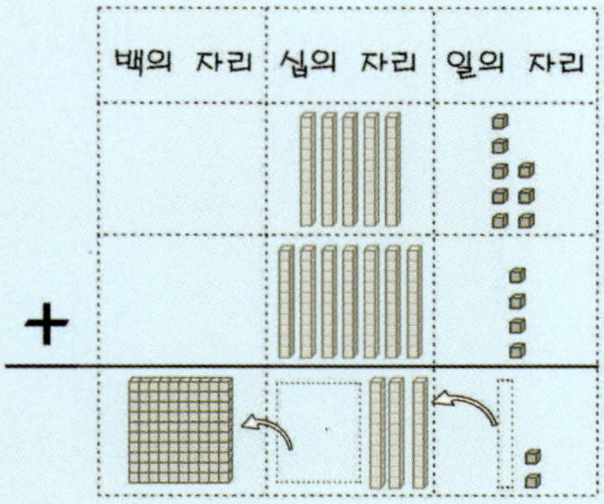

3주

백의 자리	십의 자리	일의 자리

+

132명이야~

```
    ┌ 5 8
  + 7 4
      2

    ┌ 5 8
  + 7 4
    3 2

    ┌ 5 8
  + 7 4
  1 3 2
```

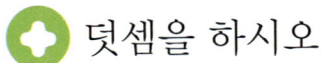 덧셈을 하시오.

(1)

```
    6  4
 +  4  8
 ─────────
 (1)(1) 2
```

① 일의 자리 계산
  4+8=12
② 십의 자리 계산
  1+6+4=11

(2)

```
    7  3
 +  3  8
 ─────────
```

(3)

```
    7  8
 +  5  6
 ─────────
```

① 일의 자리 계산
  8+6=14
② 십의 자리 계산
  1+7+5=13

(4)

```
    6  7
 +  7  5
 ─────────
```

(5)

```
    9  8
 +  5  6
 ─────────
```

(6)

```
    7  4
 +  5  9
 ─────────
```

(7)

```
    4  3
 +  9  7
 ─────────
```

(8)

```
    5  6
 +  8  7
 ─────────
```

 꼭꼭 일의 자리 숫자의 합이 10이거나 10보다 크면 십의 자리로, 십의 자리 숫자의 합이 10이거나 10보다 크면 백의 자리로 받아올림합니다.

💠 덧셈을 하시오.

(9)

```
    5 7
  + 5 3
  ─────
```

(10)

```
    8 2
  + 3 8
  ─────
```

(11)

```
    3 5
  + 7 5
  ─────
```

(12)

```
    3 1
  + 9 9
  ─────
```

(13)

```
    2 3
  + 8 8
  ─────
```

(14)

```
    5 7
  + 6 9
  ─────
```

(15)

```
    4 4
  + 6 7
  ─────
```

(16)

```
    9 8
  + 2 5
  ─────
```

(17)

```
    5 9
  + 9 3
  ─────
```

(18)

```
    6 7
  + 5 4
  ─────
```

 덧셈을 하시오.

(1)
```
    7 8
+   3 4
─────────
```

(2)
```
    6 7
+   8 3
─────────
```

(3)
```
    8 6
+   4 5
─────────
```

(4)
```
    4 7
+   9 4
─────────
```

(5)
```
    7 7
+   4 6
─────────
```

(6)
```
    2 9
+   9 5
─────────
```

(7)
```
    4 3
+   6 8
─────────
```

(8)
```
    5 6
+   6 4
─────────
```

공부한 날　월　일

🍀 덧셈을 하시오.

(9)

```
    9  7
+   1  6
─────────
```

(10)

```
    6  9
+   8  2
─────────
```

(11)

```
    8  8
+   5  5
─────────
```

(12)

```
    7  7
+   5  7
─────────
```

(13)

```
    9  4
+   6  7
─────────
```

(14)

```
    7  9
+   8  3
─────────
```

(15)

```
    7  7
+   8  6
─────────
```

(16)

```
    8  2
+   2  9
─────────
```

27차시 일, 십의 자리에서 받아올림이 있는
(두 자리 수)+(두 자리 수)

1단계

✚ 덧셈을 하시오.

(1)
```
    7 4
+   6 9
```

① 일의 자리 계산 4+9=13에서 3은 일의 자리에 쓰고, 10은 십의 자리로 받아올림하여 작게 1이라고 씁니다.

② 십의 자리 계산 1+7+6=14에서 4는 십의 자리에 쓰고, 10은 백의 자리에 1이라고 씁니다.

(2)
```
    3 3
+   8 8
```

(3)
```
    8 9
+   7 8
```

(4)
```
    6 3
+   9 9
```

(5)
```
    5 7
+   7 4
```

(6)
```
    6 5
+   8 5
```

(7)
```
    8 7
+   6 5
```

(8)
```
    5 6
+   9 6
```

(9)
```
    7 8
+   8 4
```

(10)
```
    8 9
+   9 5
```

 꼭꼭 일, 십의 자리에서 받아올림이 있는 두 자리 수의 덧셈입니다.
받아올림에 주의하여 계산합니다.

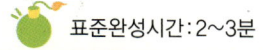
 덧셈을 하시오.

(11)
```
   4 8
 + 7 4
```

(12)
```
   8 7
 + 3 5
```

(13)
```
   9 7
 + 7 7
```

(14)
```
   9 9
 + 2 7
```

(15)
```
   4 8
 + 9 6
```

(16)
```
   7 8
 + 6 5
```

(17)
```
   9 6
 + 5 7
```

(18)
```
   8 8
 + 7 7
```

(19)
```
   7 5
 + 6 9
```

(20)
```
   6 7
 + 8 4
```

(21)
```
   9 8
 + 6 2
```

(22)
```
   2 6
 + 9 5
```

3주

➕ 덧셈을 하시오.

(1)
```
  5 7
+ 5 3
```

(2)
```
  7 6
+ 7 8
```

(3)
```
  3 6
+ 9 7
```

(4)
```
  8 4
+ 5 8
```

(5)
```
  8 3
+ 3 9
```

(6)
```
  7 4
+ 5 6
```

(7)
```
  6 5
+ 4 5
```

(8)
```
  9 6
+ 9 8
```

(9)
```
  3 5
+ 8 6
```

(10)
```
  8 9
+ 7 2
```

(11)
```
  7 5
+ 9 8
```

(12)
```
  9 8
+ 3 8
```

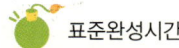 덧셈을 하시오.

(13)
$$\begin{array}{r} 76 \\ +65 \\ \hline \end{array}$$

(14)
$$\begin{array}{r} 86 \\ +48 \\ \hline \end{array}$$

(15)
$$\begin{array}{r} 47 \\ +94 \\ \hline \end{array}$$

(16)
$$\begin{array}{r} 89 \\ +71 \\ \hline \end{array}$$

(17)
$$\begin{array}{r} 78 \\ +83 \\ \hline \end{array}$$

(18)
$$\begin{array}{r} 56 \\ +75 \\ \hline \end{array}$$

(19)
$$\begin{array}{r} 59 \\ +61 \\ \hline \end{array}$$

(20)
$$\begin{array}{r} 75 \\ +96 \\ \hline \end{array}$$

(21)
$$\begin{array}{r} 55 \\ +88 \\ \hline \end{array}$$

(22)
$$\begin{array}{r} 34 \\ +87 \\ \hline \end{array}$$

(23)
$$\begin{array}{r} 64 \\ +87 \\ \hline \end{array}$$

(24)
$$\begin{array}{r} 67 \\ +96 \\ \hline \end{array}$$

29차시 일, 십의 자리에서 받아올림이 있는 (두 자리 수)+(두 자리 수)

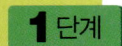 **1**단계

➕ 덧셈을 하고, 더하는 수와 더해지는 수를 바꾸어 더하시오.

(1)
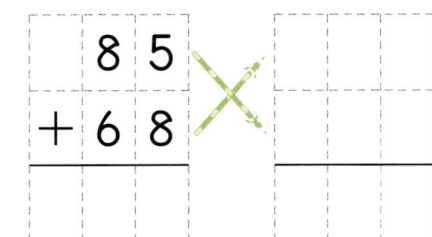

```
  8 5
+ 6 8
```

(2)
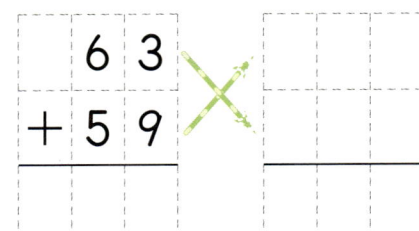

```
  6 3
+ 5 9
```

(3)
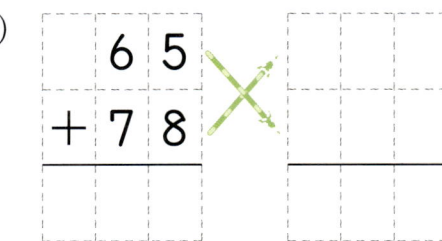

```
  6 5
+ 7 8
```

(4)
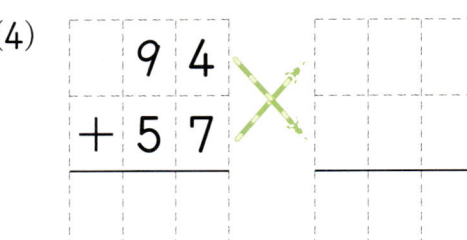

```
  9 4
+ 5 7
```

(5)
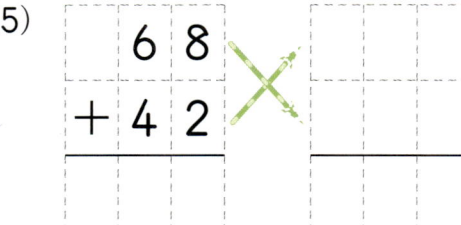

```
  6 8
+ 4 2
```

(6)
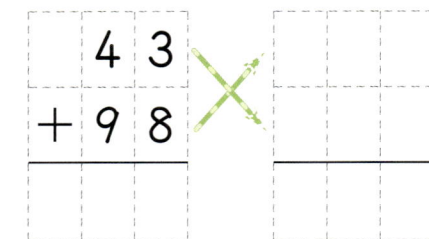

```
  4 3
+ 9 8
```

(7)
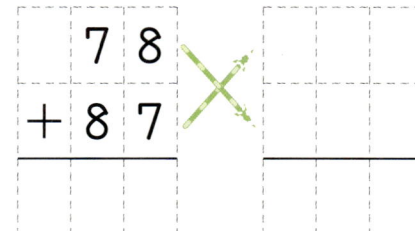

```
  7 8
+ 8 7
```

(8)
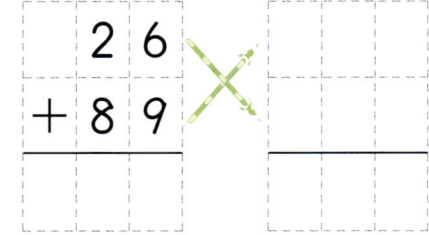

```
  2 6
+ 8 9
```

 꼭꼭   덧셈에서는 두 수를 바꾸어 더하여도 계산 결과가 같습니다.

덧셈을 하고, 더하는 수와 더해지는 수를 바꾸어 더하시오.

(9)
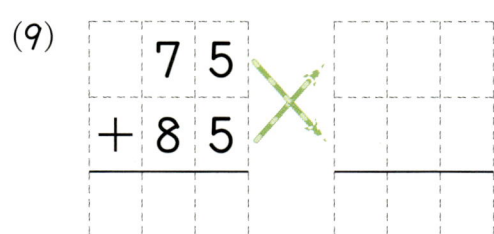

$$\begin{array}{r} 7\ 5 \\ +\ 8\ 5 \\ \hline \end{array}$$

(10)
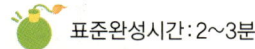

$$\begin{array}{r} 4\ 6 \\ +\ 9\ 7 \\ \hline \end{array}$$

(11)
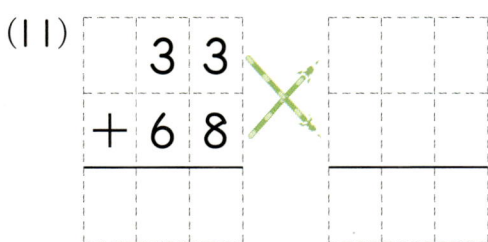

$$\begin{array}{r} 3\ 3 \\ +\ 6\ 8 \\ \hline \end{array}$$

(12)
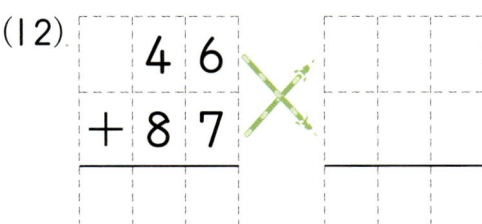

$$\begin{array}{r} 4\ 6 \\ +\ 8\ 7 \\ \hline \end{array}$$

(13)
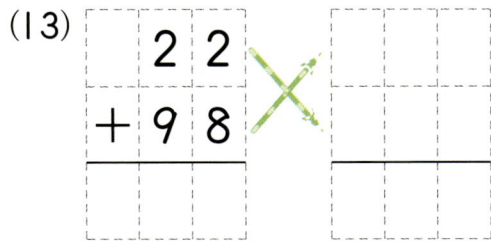

$$\begin{array}{r} 2\ 2 \\ +\ 9\ 8 \\ \hline \end{array}$$

(14)
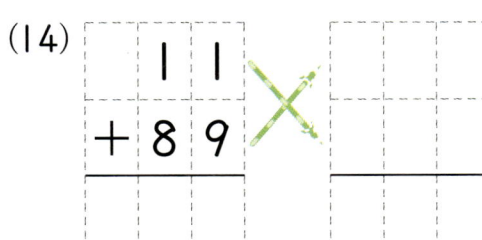

$$\begin{array}{r} 1\ 1 \\ +\ 8\ 9 \\ \hline \end{array}$$

(15)
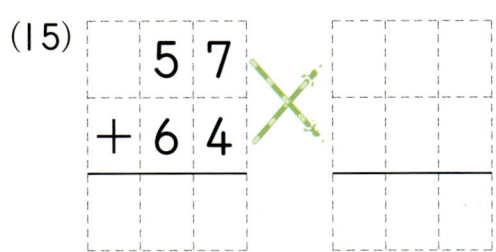

$$\begin{array}{r} 5\ 7 \\ +\ 6\ 4 \\ \hline \end{array}$$

(16)
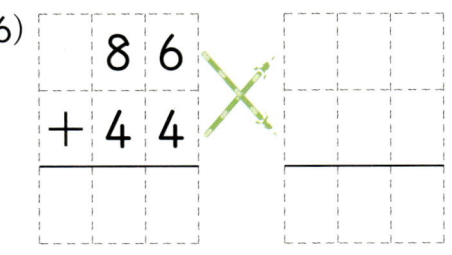

$$\begin{array}{r} 8\ 6 \\ +\ 4\ 4 \\ \hline \end{array}$$

30 차시 일, 십의 자리에서 받아올림이 있는 (두 자리 수)+(두 자리 수)

덧셈을 하고, 더하는 수와 더해지는 수를 바꾸어 더하시오.

(1)

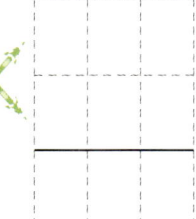

$$\begin{array}{r} 3\ 6 \\ +\ 9\ 5 \\ \hline \end{array}$$

(2)

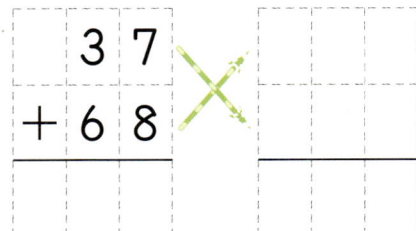

$$\begin{array}{r} 3\ 7 \\ +\ 6\ 8 \\ \hline \end{array}$$

(3)

$$\begin{array}{r} 7\ 5 \\ +\ 8\ 8 \\ \hline \end{array}$$

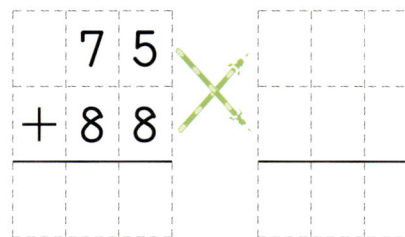

(4)

$$\begin{array}{r} 9\ 2 \\ +\ 6\ 8 \\ \hline \end{array}$$

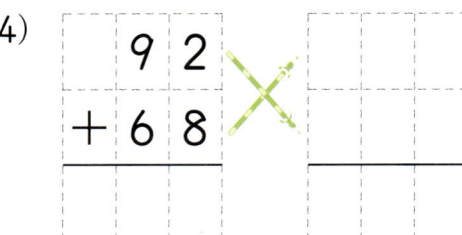

(5)

$$\begin{array}{r} 5\ 4 \\ +\ 4\ 9 \\ \hline \end{array}$$

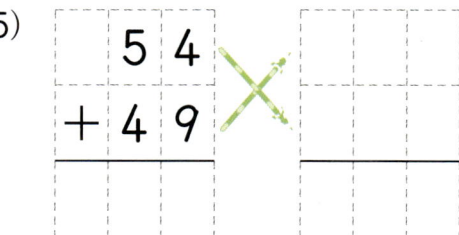

(6)

$$\begin{array}{r} 8\ 5 \\ +\ 4\ 6 \\ \hline \end{array}$$

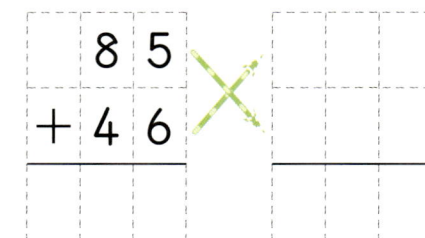

(7)

$$\begin{array}{r} 3\ 9 \\ +\ 7\ 7 \\ \hline \end{array}$$

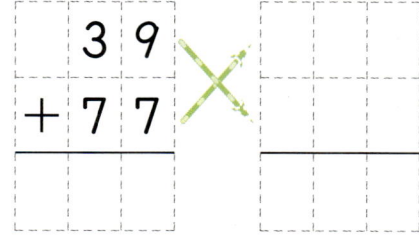

(8)

$$\begin{array}{r} 4\ 8 \\ +\ 5\ 6 \\ \hline \end{array}$$

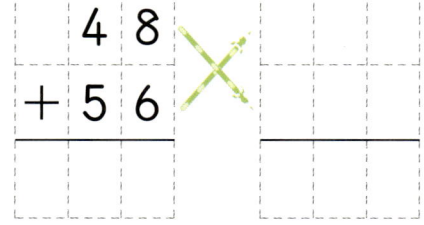

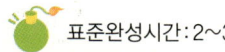
✚ 덧셈을 하고, 더하는 수와 더해지는 수를 바꾸어 더하시오.

(9)
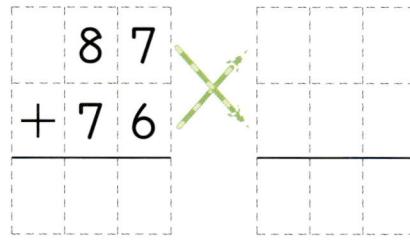
$$\begin{array}{r} 8\ 7 \\ +\ 7\ 6 \\ \hline \end{array}$$

(10)
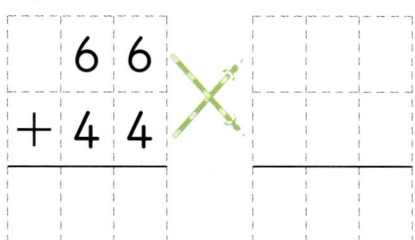
$$\begin{array}{r} 6\ 6 \\ +\ 4\ 4 \\ \hline \end{array}$$

(11)
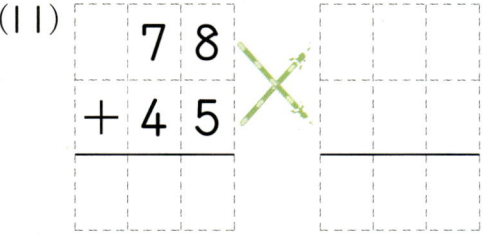
$$\begin{array}{r} 7\ 8 \\ +\ 4\ 5 \\ \hline \end{array}$$

(12)
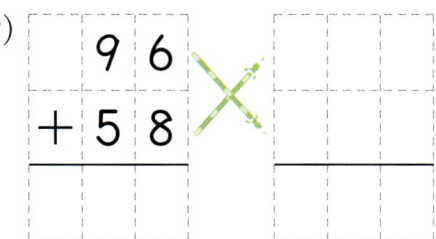
$$\begin{array}{r} 9\ 6 \\ +\ 5\ 8 \\ \hline \end{array}$$

(13)
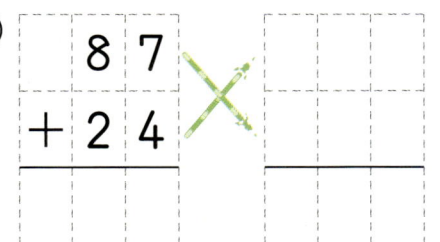
$$\begin{array}{r} 8\ 7 \\ +\ 2\ 4 \\ \hline \end{array}$$

(14)
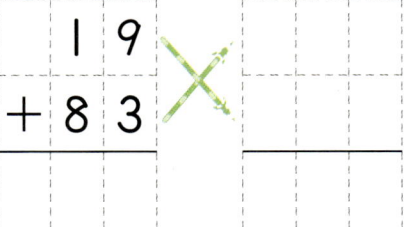
$$\begin{array}{r} 1\ 9 \\ +\ 8\ 3 \\ \hline \end{array}$$

(15)
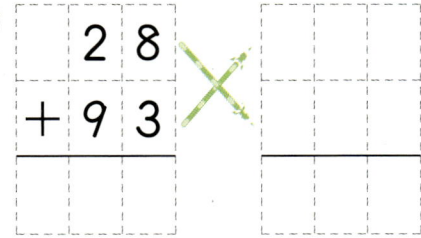
$$\begin{array}{r} 2\ 8 \\ +\ 9\ 3 \\ \hline \end{array}$$

(16)
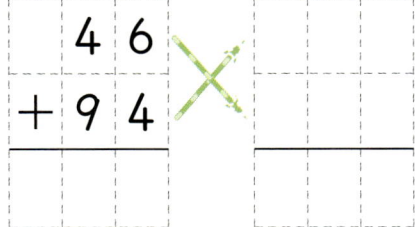
$$\begin{array}{r} 4\ 6 \\ +\ 9\ 4 \\ \hline \end{array}$$

 가로셈을 세로셈으로 고쳐 계산하시오.

(1) 46＋75

```
    4  6
+   7  5
---------
 1  2  1
```

(2) 34＋79

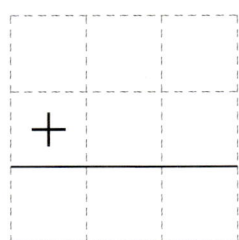

(3) 97＋46

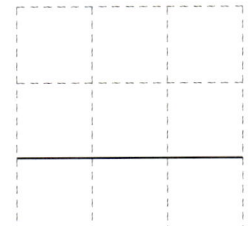

(4) 83＋58

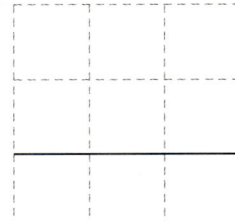

(5) 97＋35

(6) 67＋84

(7) 55＋78

(8) 98＋52

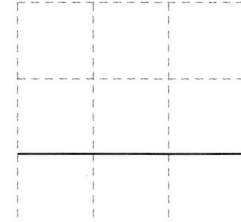

(9) 86＋97

 가로셈을 세로셈으로 고쳐 계산할 때에는 자리를 맞추어 쓰고 일의 자리, 십의 자리의 순서로 받아올림에 주의하여 계산합니다.

표준완성시간 : 2∼3분

✚ 가로셈을 세로셈으로 고쳐 계산하시오.

(10) $74+97$

(11) $97+95$

(12) $89+37$

(13) $65+96$

(14) $83+48$

(15) $29+97$

(16) $95+47$

(17) $88+75$

(18) $74+46$

3주

 가로셈을 세로셈으로 고쳐 계산하시오.

(1) 74+56

(2) 64+79

(3) 58+82

(4) 96+77

(5) 36+74

(6) 57+69

(7) 84+77

(8) 86+37

(9) 55+76

✚ 가로셈을 세로셈으로 고쳐 계산하시오.

(10)　34＋66

(11)　85＋15

(12)　49＋51

(13)　23＋77

(14)　62＋38

(15)　52＋48

(16)　96＋65

(17)　57＋74

(18)　98＋74

 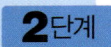

➕ 빈칸에 알맞은 수를 써넣으시오.

(1)

+	67	58	95	88	69
46	113				
57					

(2)

+	87	69	96	57	68
54					
67					

(3)

+	54	25	38	47	69
79					
86					

 꼭꼭 가로줄의 수와 세로줄의 수를 더하여 빈칸에 써넣도록 합니다. 지금까지 충분한 연습을 하였으므로 따로
식을 세우지 말고 암산으로 계산하도록 합니다.

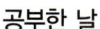
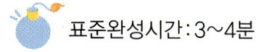

➕ 빈칸에 알맞은 수를 써넣으시오.

(4)

+	69	96	76	79	57
87					
68					

(5)

+	54	65	86	77	98
96					
49					

(6)

+	35	45	56	87	79
66					
95					

34 차시 일, 십의 자리에서 받아올림이 있는 (두 자리 수)+(두 자리 수)

2단계

● 빈칸에 알맞은 수를 써넣으시오.

(1)

+	58	46	68	77	89
49					
58					

(2)

+	95	76	87	68	59
85					
47					

(3)

+	24	35	65	46	78
78					
96					

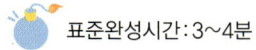

✚ 빈칸에 알맞은 수를 써넣으시오.

(4)

+	58	49	67	76	87
47					
59					

(5)

+	53	64	87	78	99
87					
48					

(6)

+	23	36	65	44	57
78					
97					

✚ □ 안에 알맞은 숫자를 써넣으시오.

(1)
```
    6 □
+   7 3
─────────
  1 4 2
```
일의 자리 계산에서 □+3=2인 수가 없으므로 □+3=12인 수를 구합니다.

(2)
```
    7 □
+   6 5
─────────
  1 4 2
```

(3)
```
    8 5
+   5 □
─────────
  1 4 1
```
5+□=11

(4)
```
    8 8
+   5 □
─────────
  1 4 3
```

(5)
```
    □ 4
+   5 8
─────────
  1 5 2
```
일의 자리 계산에서 받아올림한 수 1이 있으므로
1+□+5=15

(6)
```
    □ 5
+   7 8
─────────
  1 5 3
```

(7)
```
    5 7
+   □ 6
─────────
  1 4 3
```
1+5+□=14

(8)
```
    7 9
+   □ 4
─────────
  1 2 3
```

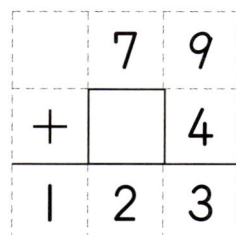 각 자리의 계산에서 □+(어떤 수) 또는 (어떤 수)+□의 결과가 어떤 수보다 작으면 바로 윗자리로 10을 받아올림한 것이므로 주의하여 계산합니다.

✿ ☐ 안에 알맞은 숫자를 써넣으시오.

(9)

```
    [ ]  3
 +  6 [ ]
 ─────────
  1  2  0
```

① 일의 자리
　3+☐=10
　→ ☐ 안의 숫자는 7
② 십의 자리
　1+☐+6=12
　→ ☐ 안의 숫자는 5

(10)

```
    [ ]  8
 +  6 [ ]
 ─────────
  1  5  0
```

(11)

```
    7 [ ]
 + [ ] 7
 ─────────
  1  3  2
```

(12)

```
    7 [ ]
 + [ ] 6
 ─────────
  1  5  4
```

(13)

```
   [ ][ ]
 +  3  8
 ─────────
  1  1  4
```

(14)

```
   [ ][ ]
 +  7  9
 ─────────
  1  4  3
```

(15)

```
    3  6
 + [ ][ ]
 ─────────
  1  0  1
```

(16)

```
    3  3
 + [ ][ ]
 ─────────
  1  1  1
```

 주어진 계산 방법으로 덧셈을 하시오.

$$87+38=87+40-2=127-2=125$$
더하는 수를 몇십보다 몇 작은 수로 고쳐서 계산하는 방법입니다.

(1) $48+75=$

(2) $96+47=$

(3) $58+66=$

(4) $98+43=$

(5) $63+89=$

(6) $59+53=$

(7) $46+67=$

(8) $88+46=$

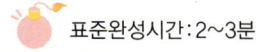

주어진 계산 방법으로 덧셈을 하시오.

$$87+38=90-3+40-2=130-5=125$$

더하는 수와 더해지는 수를 각각 몇십보다 몇 작은 수로 생각하여 계산하는 방법입니다.

(9) $86+57=$

(10) $68+75=$

(11) $85+66=$

(12) $89+34=$

(13) $36+88=$

(14) $75+35=$

(15) $64+76=$

(16) $88+64=$

4주

받아올림이 있는 (두 자리 수)+(두 자리 수)

학습 체크표 매일 학습이 끝나면 채점을 하고 체크표를 작성하여 나의 실력을 알아보세요.

차시	단계	공부한 날	잘 했나요?			
37차시	1단계	월 일	😊	🙂	😑	😣
38차시		월 일	😊	🙂	😑	😣
39차시		월 일	😊	🙂	😑	😣
40차시		월 일	😊	🙂	😑	😣
41차시		월 일	😊	🙂	😑	😣
42차시		월 일	😊	🙂	😑	😣
43차시		월 일	😊	🙂	😑	😣
44차시		월 일	😊	🙂	😑	😣
45차시	2단계	월 일	😊	🙂	😑	😣
46차시		월 일	😊	🙂	😑	😣
47차시	3단계	월 일	😊	🙂	😑	😣
48차시		월 일	😊	🙂	😑	😣

틀린 개수가

0~1 개이면 😊 (아주 잘함)에, 2~3 개이면 🙂 (잘함)에,

4~5 개이면 😑 (보통)에, 6 개 이상이면 😣 (노력 바람)에 색칠해 주세요.

만화로 개념 알아보기

학습목표 받아올림이 있는 (두 자리 수)+(두 자리 수)의 계산을 여러 가지 방법으로 해결하고 덧셈의 기초를 다집니다.

네모 안에 어떤 숫자가 들어갈까?

$$\begin{array}{r} \square\,9 \\ +\ 5\,\square \\ \hline 1\ 4\ 5 \end{array}$$

한번 알아볼까?

우선 일의 자리부터 알아보자.

9에 어떤 수를 더하여 5가 되는 한 자리 수는 없어.
9에 어떤 수를 더하여 15가 되어서 10을
십의 자리로 받아올림하고 일의 자리에 5를 썼겠지.

$$\begin{array}{r} \square\,9 \\ +\ 5\,\boxed{6} \\ \hline 1\ 4\ 5 \end{array}$$

그럼 9와 더해서 15가 되는 숫자는

$9+\square=15 \rightarrow \square=15-9 \rightarrow \square=6$

일의 자리에 있는 네모 안의 숫자는 6이야.

십의 자리도 구해 보자.

일의 자리 계산에서 10을 받아올림하였으니까

$1+\square+5=14 \rightarrow \square+6=14 \rightarrow \square=14-6 \rightarrow \square=8$

십의 자리에 있는 네모 안의 숫자는 8이야.

4주

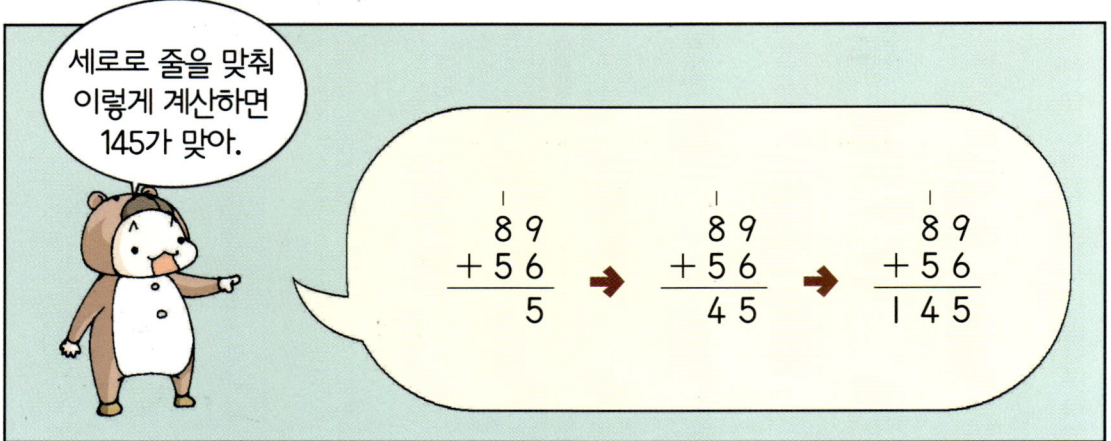

4주

37차시 받아올림이 있는 (두 자리 수)+(두 자리 수)

1단계

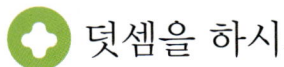 덧셈을 하시오.

(1)
$$
\begin{array}{r}
6\ 7 \\
+\ 2\ 5 \\
\hline
9\ 2
\end{array}
$$

① 일의 자리 계산
7+5=12
② 십의 자리 계산
1+6+2=9

(2)
$$
\begin{array}{r}
3\ 5 \\
+\ 4\ 8 \\
\hline
\end{array}
$$

(3)
$$
\begin{array}{r}
6\ 3 \\
+\ 6\ 4 \\
\hline
\end{array}
$$

① 일의 자리 계산
3+4=7
② 십의 자리 계산
6+6=12

(4)
$$
\begin{array}{r}
4\ 7 \\
+\ 7\ 2 \\
\hline
\end{array}
$$

(5)
$$
\begin{array}{r}
5\ 8 \\
+\ 8\ 6 \\
\hline
\end{array}
$$

① 일의 자리 계산
8+6=14
② 십의 자리 계산
1+5+8=14

(6)
$$
\begin{array}{r}
7\ 5 \\
+\ 9\ 7 \\
\hline
\end{array}
$$

(7)
$$
\begin{array}{r}
8\ 7 \\
+\ 3\ 8 \\
\hline
\end{array}
$$

① 일의 자리 계산
7+8=15
② 십의 자리 계산
1+8+3=12

(8)
$$
\begin{array}{r}
6\ 9 \\
+\ 5\ 9 \\
\hline
\end{array}
$$

 꼭꼭 일의 자리 숫자의 합이 10이거나 10보다 크면 십의 자리로, 십의 자리 숫자의 합이 10이거나 10보다 크면 백의 자리로 받아올림합니다.

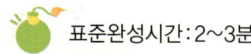
 덧셈을 하시오.

(9)
```
    2 9
+   4 7
```

(10)
```
    2 6
+   3 5
```

(11)
```
    3 4
+   5 8
```

(12)
```
    5 9
+   1 6
```

(13)
```
    3 4
+   4 6
```

(14)
```
    4 1
+   2 9
```

(15)
```
    7 8
+   1 2
```

(16)
```
    2 7
+   4 3
```

(17)
```
    3 7
+   4 9
```

(18)
```
    6 7
+   2 4
```

 4주

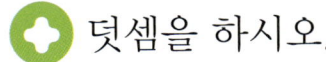 덧셈을 하시오.

(1)
```
    5 2
+   9 5
───────
```

(2)
```
    7 2
+   7 4
───────
```

(3)
```
    9 6
+   2 1
───────
```

(4)
```
    7 2
+   5 6
───────
```

(5)
```
    9 4
+   6 3
───────
```

(6)
```
    9 3
+   8 2
───────
```

(7)
```
    7 1
+   8 6
───────
```

(8)
```
    8 4
+   2 1
───────
```

덧셈을 하시오.

(9)
```
    4 5
+   8 9
───────
```

(10)
```
    6 6
+   9 7
───────
```

(11)
```
    4 9
+   6 3
───────
```

(12)
```
    3 5
+   9 5
───────
```

(13)
```
    8 5
+   3 6
───────
```

(14)
```
    4 8
+   6 8
───────
```

(15)
```
    8 1
+   7 9
───────
```

(16)
```
    8 6
+   9 4
───────
```

➕ 덧셈을 하시오.

(1)

```
    8 7
 +  9 6
```

① 일의 자리 계산 7+6=13에서 3은 일의 자리에 쓰고, 10은 십의 자리로 받아올림하여 작게 1이라고 씁니다.

② 십의 자리 계산 1+8+9=18에서 8은 십의 자리에 쓰고, 10은 백의 자리에 1이라고 씁니다.

(2)

```
    2 9
 +  5 4
```

(3)

```
    8 4
 +  5 1
```

(4)

```
    7 6
 +  9 7
```

(5)

```
    7 7
 +  1 8
```

(6)

```
    9 6
 +  7 2
```

(7)

```
    6 8
 +  9 5
```

(8)

```
    3 5
 +  2 7
```

(9)

```
    6 2
 +  6 5
```

(10)

```
    8 7
 +  6 5
```

 꼭꼭 받아올림이 있는 두 자리 수의 덧셈이므로 주의하여 계산합니다.

덧셈을 하시오.

(11)
```
   3 4
 + 2 7
```

(12)
```
   4 6
 + 1 8
```

(13)
```
   1 7
 + 5 9
```

(14)
```
   1 8
 + 3 5
```

(15)
```
   3 9
 + 4 4
```

(16)
```
   4 3
 + 4 8
```

(17)
```
   3 7
 + 4 3
```

(18)
```
   7 5
 + 1 5
```

(19)
```
   6 2
 + 2 8
```

(20)
```
   5 7
 + 2 4
```

(21)
```
   4 5
 + 3 6
```

(22)
```
   6 8
 + 2 4
```

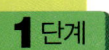

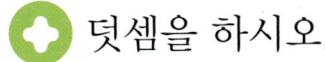 덧셈을 하시오.

(1)
```
  4 4
+ 2 7
```

(2)
```
  4 5
+ 1 8
```

(3)
```
  1 8
+ 5 9
```

(4)
```
  2 7
+ 5 6
```

(5)
```
  6 8
+ 2 5
```

(6)
```
  4 2
+ 4 9
```

(7)
```
  3 5
+ 4 5
```

(8)
```
  7 4
+ 1 6
```

(9)
```
  6 3
+ 2 7
```

(10)
```
  5 6
+ 2 5
```

(11)
```
  4 8
+ 3 3
```

(12)
```
  6 8
+ 2 2
```

표준완성시간 : 2~3분

 덧셈을 하시오.

(13)
```
   7 6
 + 9 4
```

(14)
```
   8 6
 + 7 6
```

(15)
```
   4 7
 + 8 5
```

(16)
```
   8 9
 + 5 8
```

(17)
```
   7 8
 + 4 6
```

(18)
```
   5 6
 + 9 5
```

(19)
```
   5 9
 + 4 8
```

(20)
```
   7 5
 + 9 9
```

(21)
```
   5 5
 + 6 7
```

(22)
```
   3 3
 + 6 7
```

(23)
```
   2 9
 + 8 7
```

(24)
```
   3 7
 + 9 6
```

➕ 덧셈을 하시오.

(1) $84+95=$ ⬜
  ① 174
  ② 179

  $84+90=174$
  $174+5=179$

- 84에 90을 먼저 더하고 5를 더합니다.
- $84+90=174$
- $174+5=179$

(2) $34+59=$ ⬜
  ①
  ②

(3) $96+78=$ ⬜
  ①
  ②

(4) $37+28=$ ⬜
  ① 50
  ② 15
  ③ 65

- 37을 30과 7로 가르고, 28을 20과 8로 가릅니다.
- 30과 20을 더하고, 7과 8을 더합니다.
- $30+20=50$, $7+8=15$
  $50+15=65$

(5) $84+93=$ ⬜
  ①
  ②
  ③

(6) $67+78=$ ⬜
  ①
  ②
  ③

 꼭꼭 더하는 방법은 여러 가지입니다. 어떤 방법이 간편한지 각자 편리한 방법으로 계산하도록 합니다.

🍏 덧셈을 하시오.

(7) $64 + 72 =$ ☐

(8) $29 + 57 =$ ☐

(9) $75 + 18 =$ ☐

(10) $34 + 92 =$ ☐

(11) $46 + 72 =$ ☐

(12) $28 + 49 =$ ☐

(13) $35 + 27 =$ ☐

(14) $98 + 71 =$ ☐

(15) $76 + 68 =$ ☐

(16) $59 + 57 =$ ☐

 덧셈을 하시오.

(1) 25+82=

(2) 46+97=

(3) 94+18=

(4) 90+65=

(5) 57+74=

(6) 41+96=

(7) 45+67=

(8) 83+59=

(9) 84+47=

(10) 67+88=

(11) 72+59=

(12) 38+45=

(13) 62+98=

(14) 36+24=

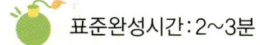
표준완성시간 : 2~3분

공부한 날   월   일

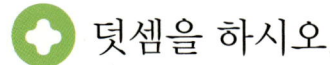 덧셈을 하시오.

(15) $73+43=$

(16) $74+52=$

(17) $53+82=$

(18) $94+32=$

(19) $48+76=$

(20) $68+92=$

(21) $52+61=$

(22) $64+73=$

(23) $39+27=$

(24) $34+29=$

(25) $89+36=$

(26) $94+67=$

(27) $75+97=$

(28) $95+87=$

 가로셈을 세로셈으로 고쳐 계산하시오.

(1) 36+47

```
    3  6
 +  4  7
 ─────────
   (8)(3)
```

(2) 76+94

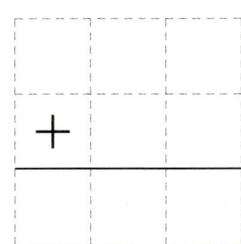

(3) 23+68

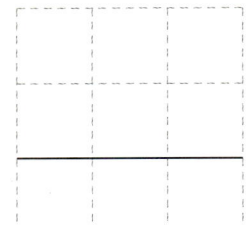

(4) 45+29

(5) 36+71

(6) 47+55

(7) 63+81

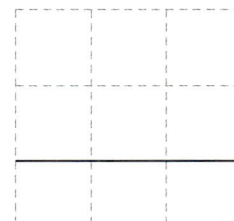

(8) 72+18

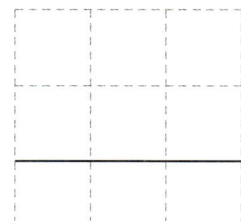

(9) 98+15

 가로셈을 세로셈으로 고쳐 계산할 때에는 자리를 맞추어 쓰고 일의 자리, 십의 자리의 순서로 받아올림에 주의하여 계산합니다.

➕ 가로셈을 세로셈으로 고쳐 계산하시오.

(10)　65+29

(11)　36+45

(12)　11+99

(13)　33+87

(14)　53+47

(15)　59+12

(16)　63+42

(17)　87+13

(18)　47+95

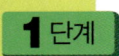

44 _{차시} 받아올림이 있는 (두 자리 수)+(두 자리 수)

1단계

➕ 가로셈을 세로셈으로 고쳐 계산하시오.

(1) $74+53$

(2) $64+23$

(3) $51+82$

(4) $96+73$

(5) $36+78$

(6) $57+64$

(7) $84+77$

(8) $49+32$

(9) $55+74$

➕ 가로셈을 세로셈으로 고쳐 계산하시오.

(10) 34+83

(11) 85+42

(12) 45+88

(13) 93+71

(14) 61+79

(15) 17+91

(16) 16+64

(17) 55+25

(18) 93+74

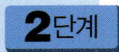

✚ 빈칸에 알맞은 수를 써넣으시오.

(1)

+	58	32	66	87	29
70	128				
17					

(2)

+	18	25	36	59	12
96					
28					

(3)

+	57	68	77	39	56
49					
51					

 꼭꼭 가로줄의 수와 세로줄의 수를 더하여 빈칸에 써넣도록 합니다. 지금까지 충분한 연습을 하였으므로 따로
식을 세우지 말고 암산으로 계산하도록 합니다.

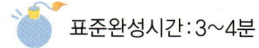

➕ 빈칸에 알맞은 수를 써넣으시오.

(4)

+	69	97	54	76	60
45					
80					

(5)

+	24	30	76	55	62
74					
59					

(6)

+	34	76	55	68	47
75					
47					

 빈칸에 알맞은 수를 써넣으시오.

(1)

+	59	41	63	78	84
42					
57					

(2)

+	34	76	53	29	67
83					
44					

(3)

+	91	84	65	55	28
89					
93					

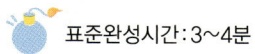

✚ 빈칸에 알맞은 수를 써넣으시오.

(4)

+	56	21	33	89	61
53					
72					

(5)

+	14	79	36	87	55
47					
64					

(6)

+	63	72	50	18	37
56					
51					

47 차시 받아올림이 있는 (두 자리 수)+(두 자리 수)

3단계

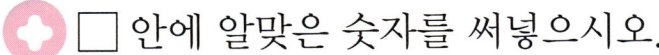

✚ □ 안에 알맞은 숫자를 써넣으시오.

(1)
```
    5 □
+   3 7
─────────
    9 3
```
일의 자리 계산에서
□+7=3인 수가
없으므로 □+7=13
인 수를 구합니다.

(2)
```
    3 □
+   2 8
─────────
    6 2
```

(3)
```
    7 3
+   9 □
─────────
  1 6 5
```

(4)
```
    7 4
+   6 □
─────────
  1 3 7
```

(5)
```
    □ 9
+   7 5
─────────
  1 4 4
```
일의 자리 계산에서
받아올림한 수 1이 있
으므로
1+□+7=14
→ □ 안의 수는 6

(6)
```
    □ 9
+   5 6
─────────
  1 4 5
```

(7)
```
    8 8
+ □   9
─────────
  1 3 7
```
1+8+□=13
→ □ 안의 수는 4

(8)
```
    9 5
+ □   7
─────────
  1 2 2
```

 각 자리의 계산에서 □+(어떤 수) 또는 (어떤 수)+□의 결과가 어떤 수보다 작으면 바로 윗자리로 10을 받아올림한 것이므로 주의하여 계산합니다.

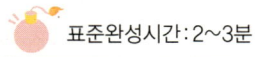
✿ □ 안에 알맞은 숫자를 써넣으시오.

(9)

```
    □  7
+   5  □
--------
 1  2  5
```

① 일의 자리
   7+□=15
   →□ 안의 수는 8
② 십의 자리
   1+□+5=12
   →□ 안의 수는 6

(10)

```
    □  9
+   3  □
--------
    6  6
```

(11)

```
    4  □
+   □  6
--------
 1  0  4
```

(12)

```
    7  □
+   □  4
--------
 1  3  0
```

(13)

```
    □  □
+   6  4
--------
 1  6  1
```

(14)

```
    □  □
+   6  8
--------
 1  1  8
```

(15)

```
    9  3
+   □  □
--------
 1  2  0
```

(16)

```
    8  9
+   □  □
--------
 1  3  6
```

4주

❀ 주어진 계산 방법으로 덧셈을 하시오.

$$59+47=59+50-3=109-3=106$$

(1) $48+78=$

(2) $86+57=$

(3) $58+66=$

(4) $98+48=$

$$59+47=60+47-1=107-1=106$$

(5) $59+53=$

(6) $46+67=$

(7) $87+46=$

(8) $49+53=$

주어진 계산 방법으로 덧셈을 하시오.

$$57+78=50+70+7+8=120+15=135$$

(9) $48+57=$

(10) $68+79=$

(11) $86+68=$

(12) $89+37=$

$$57+78=60+80-3-2=140-5=135$$

(13) $97+38=$

(14) $69+76=$

(15) $88+67=$

(16) $56+58=$

 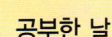
 계산을 하시오.

(1)
```
   2 4
 + 3 7
```

(2)
```
   8 2
 + 3 4
```

(3)
```
   3 9
 + 4 7
```

(4)
```
   9 1
 + 2 4
```

(5)
```
   4 4
 + 3 9
```

(6)
```
   7 2
 + 6 5
```

(7)
```
   6 9
 + 1 5
```

(8)
```
   8 1
 + 8 7
```

(9)
```
   5 7
 + 3 6
```

(10)
```
   6 2
 + 8 4
```

(11)
```
   2 9
 + 2 6
```

(12)
```
   2 1
 + 9 5
```

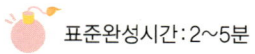
(13)
```
    5 7
  + 5 3
  ─────
```

(14)
```
    4 6
  + 1 8
  ─────
```

(15)
```
    3 6
  + 9 7
  ─────
```

(16)
```
    2 8
  + 5 5
  ─────
```

(17)
```
    8 3
  + 3 9
  ─────
```

(18)
```
    4 3
  + 4 8
  ─────
```

(19)
```
    6 5
  + 4 5
  ─────
```

(20)
```
    7 5
  + 1 5
  ─────
```

(21)
```
    3 5
  + 8 6
  ─────
```

(22)
```
    5 7
  + 2 4
  ─────
```

(23)
```
    7 5
  + 9 8
  ─────
```

(24)
```
    6 8
  + 2 2
  ─────
```

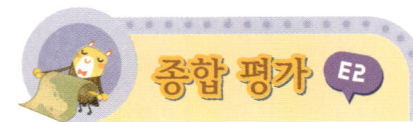

(25) $28+34=$

(26) $36+92=$

(27) $65+18=$

(28) $85+71=$

(29) $54+27=$

(30) $85+82=$

(31) $56+29=$

(32) $74+83=$

(33) $73+43=$

(34) $74+52=$

(35) $53+82=$

(36) $94+32=$

(37) $48+76=$

(38) $68+92=$

(39) $52+61=$

(40) $64+73=$

기초계산  **E2**

정답 및 지도서

자르는 선을 따라 잘라 보관하여, 채점할 때 사용하세요.

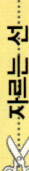

정답 및 지도서 E2

1주 일의 자리에서 받아올림이 있는 (두 자리 수)+(두 자리 수)

지도 방법

① 일의 자리에서 받아올림이 있는 (두 자리 수)+(두 자리 수)의 학습을 하기 전에 두 자리 수의 범위에서 받아올림이 없는 덧셈과 받아올림이 있는 (두 자리 수)+(한 자리 수)의 학습이 충분히 되어 있는지 확인해 주세요.

② 일의 자리에서 받아올림이 있는 두 자리 수의 덧셈도 일의 자리부터 차례로 계산하고, 일의 자리에서 받아올림한 10은 십의 자리 위에 작게 1이라고 써서 계산하도록 지도합니다.

③ 일상 생활에서 접하게 되는 여러 가지 상황 중에서 덧셈을 활용하여 해결해야 하는 상황들이 많습니다. 어린이들이 덧셈에 흥미를 가질 수 있도록 연관시켜 재미있게 이야기 해 줍니다.

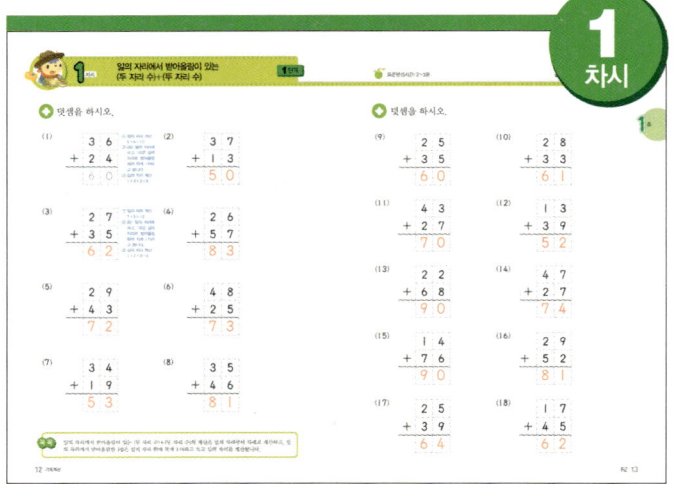

1차시

12~13쪽

일의 자리부터 차례로 계산하고, 일의 자리에서 받아올림한 10은 십의 자리 위에 작게 1이라고 쓰고, 십의 자리를 계산합니다.

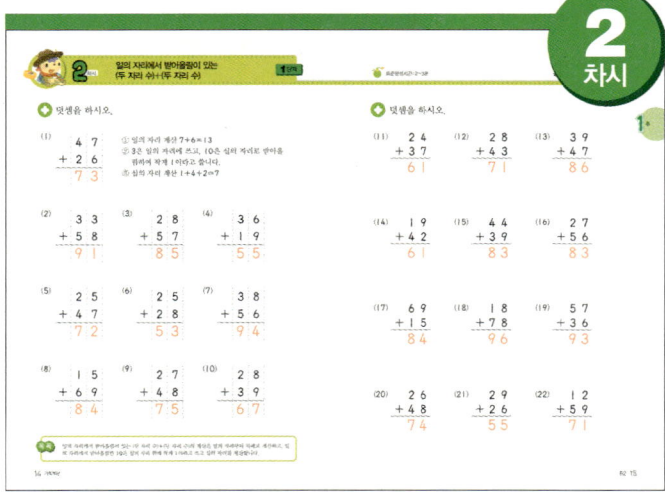

2차시

14~15쪽

일의 자리부터 차례로 계산하고, 일의 자리에서 받아올림한 10은 십의 자리 위에 작게 1이라고 쓰고, 십의 자리를 계산합니다.

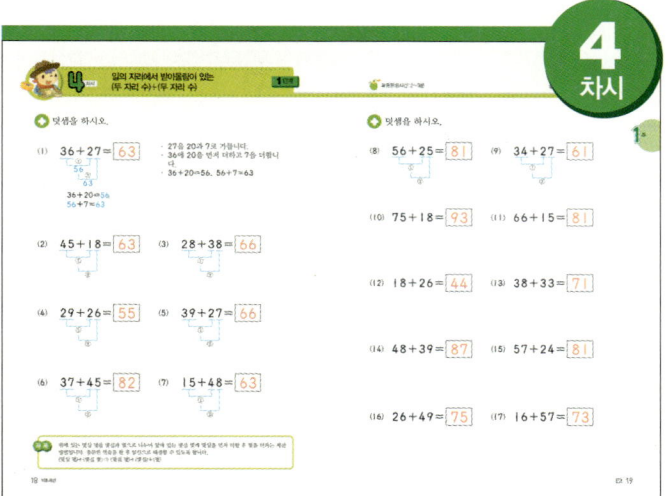

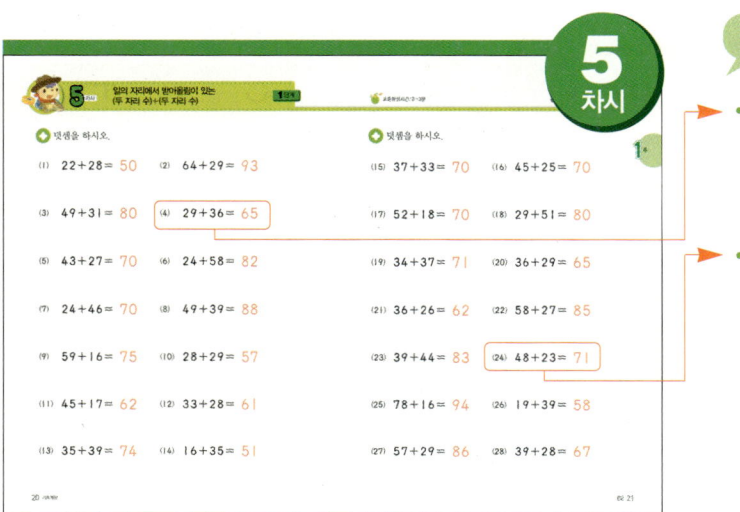

16~17쪽

① 일의 자리 계산
$7+7=14$
② 4는 일의 자리에 쓰고, 10은
십의 자리로 받아올림하여 작
게 1이라고 씁니다.
③ 십의 자리 계산
$1+1+3=5$

18~19쪽

뒤에 있는 몇십 몇을 몇십과 몇
으로 나누어 앞에 있는 몇십 몇
에 몇십을 먼저 더한 후 몇을 더
하는 계산 방법입니다.

20~21쪽

$29+36=29+30+6$
$=59+6$
$=65$

$48+23=48+20+3$
$=68+3$
$=71$

E2 · 정답 및 지도서 125

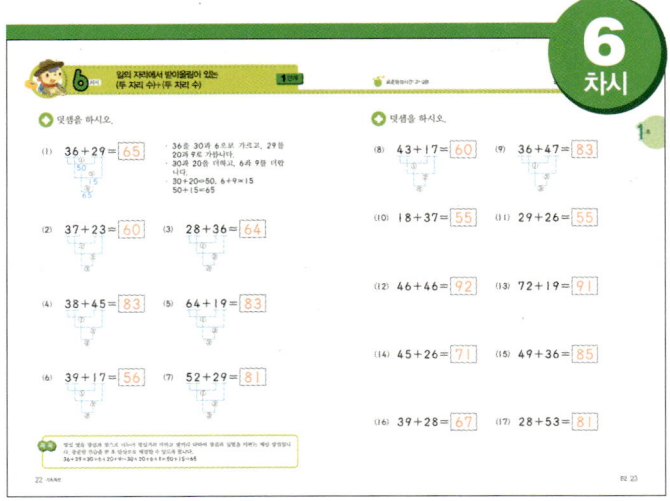

22~23쪽

몇십 몇을 몇십과 몇으로 나누어 몇십끼리 더하고 몇끼리 더하여 몇십과 십몇을 더하는 계산 방법입니다. 충분한 연습을 한 후 암산으로 해결할 수 있도록 합니다.

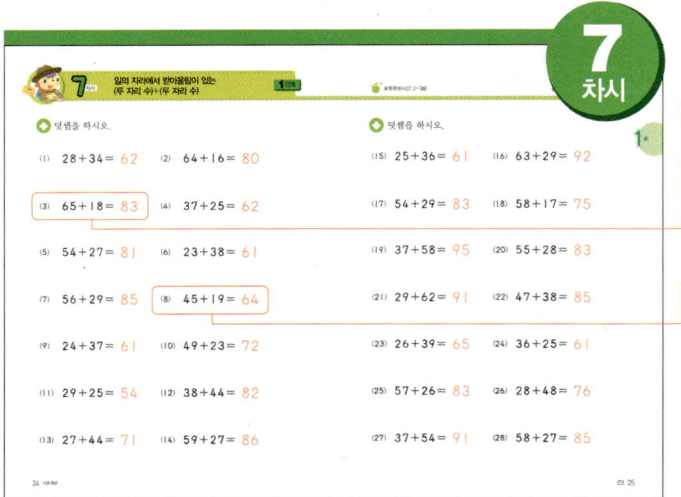

24~25쪽

- $65+18=60+5+10+8$
  $=60+10+5+8$
  $=70+13$
  $=83$

- $45+19=40+5+10+9$
  $=40+10+5+9$
  $=50+14$
  $=64$

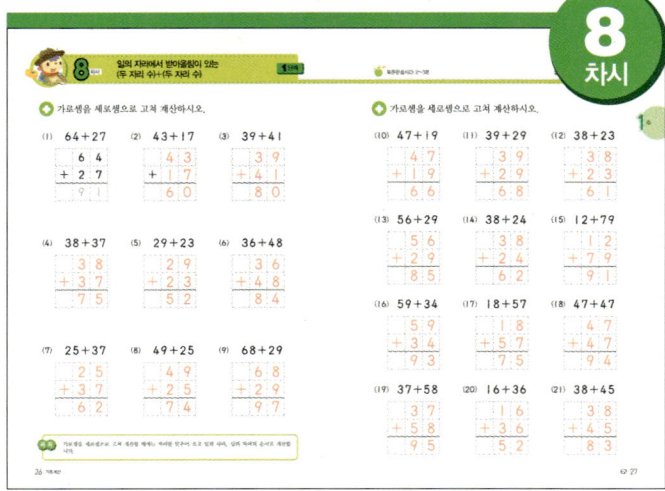

26~27쪽

가로셈을 세로셈으로 고쳐 계산할 때에는 자리를 맞추어 쓰고 일의 자리, 십의 자리의 순서로 계산합니다.

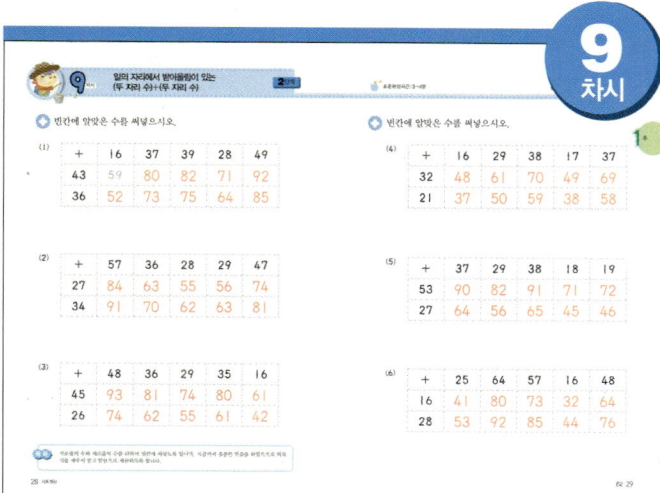

28~29쪽

가로줄의 수와 세로줄의 수를 더하여 빈칸에 써넣도록 합니다. 지금까지 충분한 연습을 하였으므로 따로 식을 세우지 말고 암산으로 계산하도록 합니다.

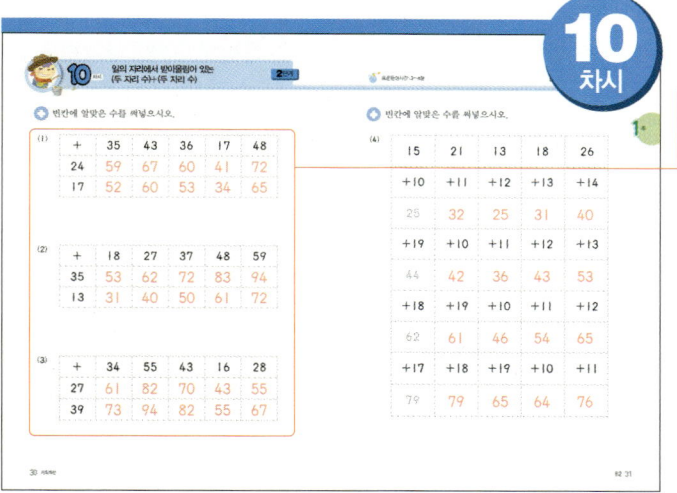

30~31쪽

가로줄의 수와 세로줄의 수를 더하여 빈칸에 써넣도록 합니다. 지금까지 충분한 연습을 하였으므로 따로 식을 세우지 말고 암산으로 계산하도록 합니다.

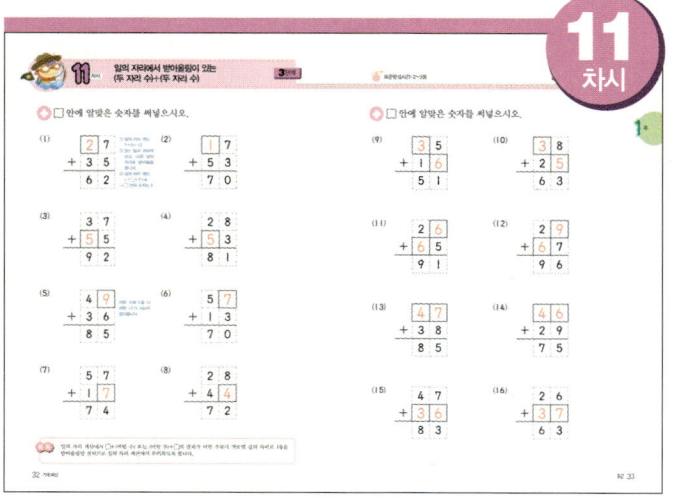

32~33쪽

일의 자리의 계산에서 □+(어떤 수) 또는 (어떤 수)+□의 결과가 어떤 수보다 작으면 십의 자리로 10을 받아올림한 것이므로 십의 자리 계산에서 주의하도록 합니다.

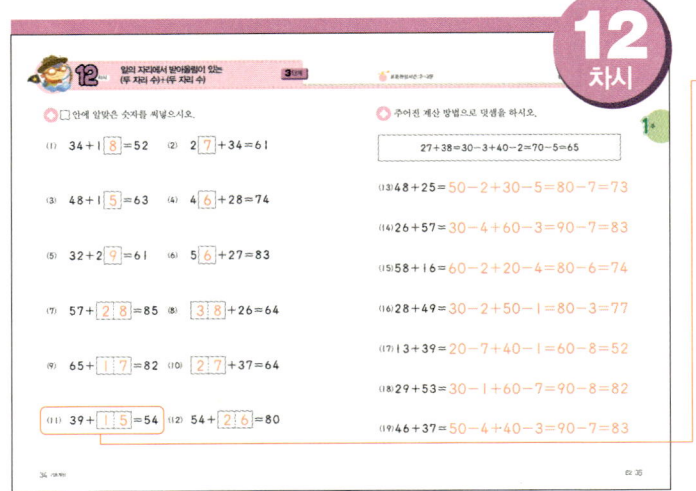

12차시

34~35쪽

① 일의 자리 계산
$$9+\square=14$$
$$\square=5$$
② 십의 자리 계산
$$1+3+\square=5$$
$$\square=1$$

체크 포인트

❶ 일의 자리에서 받아올림이 있는 (두 자리 수)+(두 자리 수)의 덧셈을 하기 전에 수의 개념과 +, = 등의 기호에 대해 충분히 학습하였는지 확인해 주세요.

❷ 덧셈식을 바르게 읽고 쓸 수 있도록 지도하여, 이제 구체물이나 그림을 보지 않고 암산으로 답을 구할 수 있도록 충분한 학습을 하도록 합니다.

❸ 가로셈과 세로셈, 빈칸 채우기 등 여러 가지 다양한 문제를 접하도록 하여 실력을 키워주세요.

❹ 문제를 아동 스스로 그림 등을 이용하여 설명하면서 풀어 보도록 하는 것도 도움됩니다.

2주 십의 자리에서 받아올림이 있는 (두 자리 수)+(두 자리 수)

지도 방법

① 십의 자리에서 받아올림이 있는 (두 자리 수)+(두 자리 수)의 학습을 하기 전에 두 자리 수의 범위에서 받아올림이 없는 덧셈과 받아올림이 있는 (두 자리 수)+(한 자리 수)의 학습이 충분히 되어 있는지 확인해 주세요.

② 십의 자리에서 받아올림이 있는 두 자리 수의 덧셈도 일의 자리부터 차례로 계산하고, 십의 자리에서 받아올림한 10은 백의 자리에 1이라고 써서 나타내도록 지도합니다.

③ 일상 생활에서 접하게 되는 여러 가지 상황 중에서 덧셈을 활용하여 해결해야 하는 상황들이 많습니다. 어린이들이 덧셈에 흥미를 가질 수 있도록 연관시켜 재미있게 이야기해 줍니다.

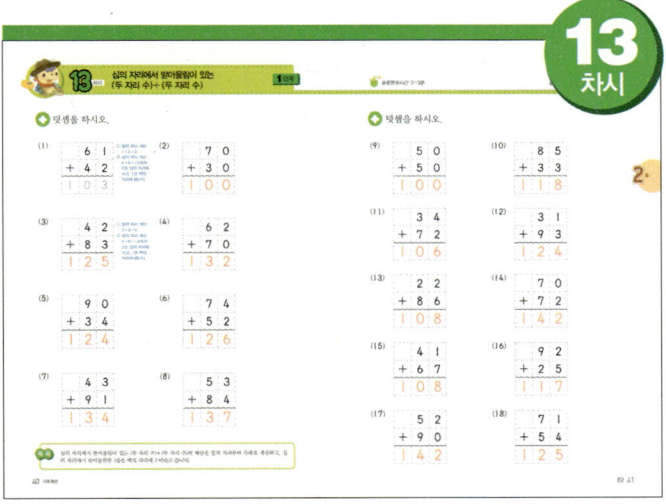

13 차시

40~41쪽

십의 자리에서 받아올림이 있는 (두 자리 수)+(두 자리 수)의 계산은 일의 자리부터 차례로 계산하고, 십의 자리에서 받아올림한 10은 백의 자리에 1이라고 씁니다.

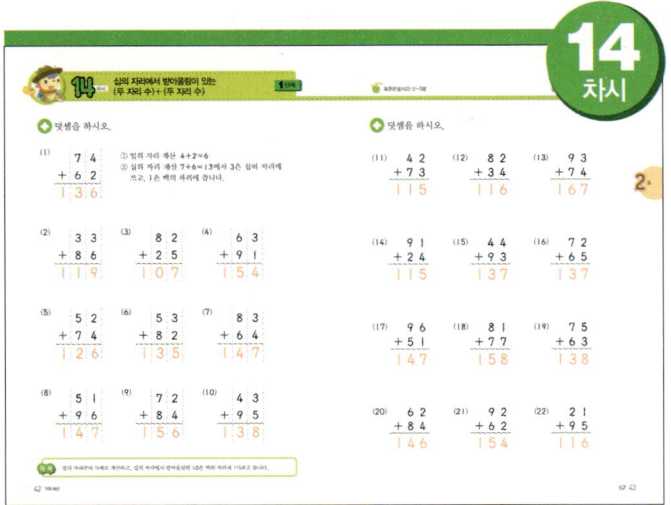

14 차시

42~43쪽

일의 자리부터 차례로 계산하고, 십의 자리에서 받아올림한 10은 백의 자리에 1이라고 씁니다.

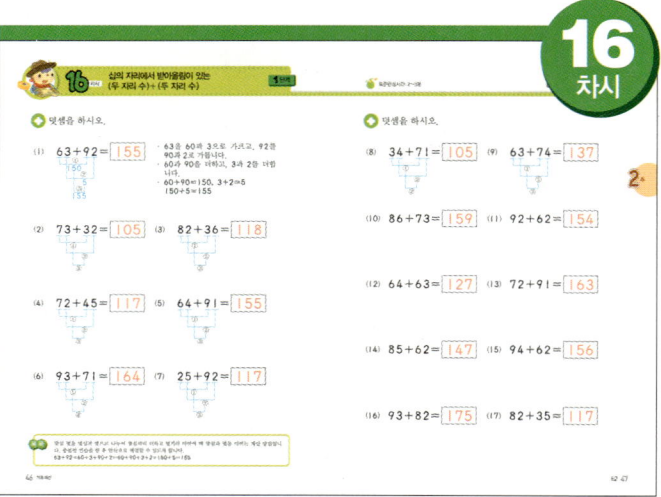

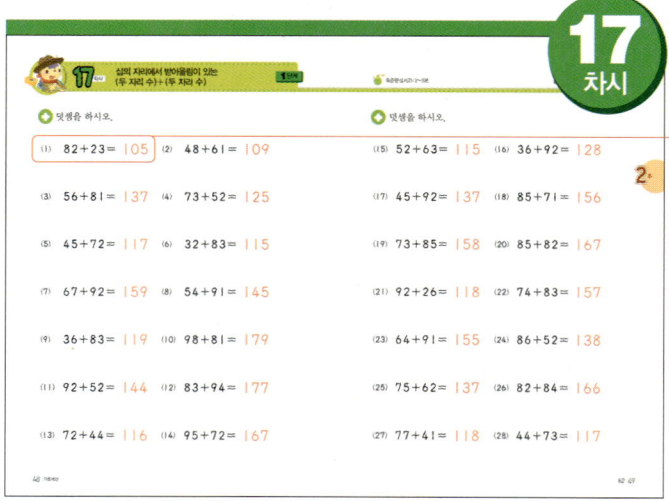

① 일의 자리 계산

  5+3=8

② 십의 자리 계산

  7+9=16에서 6은 십의 자리에 쓰고, 1은 백의 자리에 씁니다.

몇십 몇을 몇십과 몇으로 나누어 몇십끼리 더하고 몇끼리 더하여 백 몇십과 몇을 더하는 계산 방법입니다. 충분한 연습을 한 후 암산으로 해결할 수 있도록 합니다.

따로 식을 세우지 말고 머릿속에서 다음과 같은 방법으로 계산해 봅니다.

  82+23

  =80+2+20+3

  =80+20+2+3

  =100+5

  =105

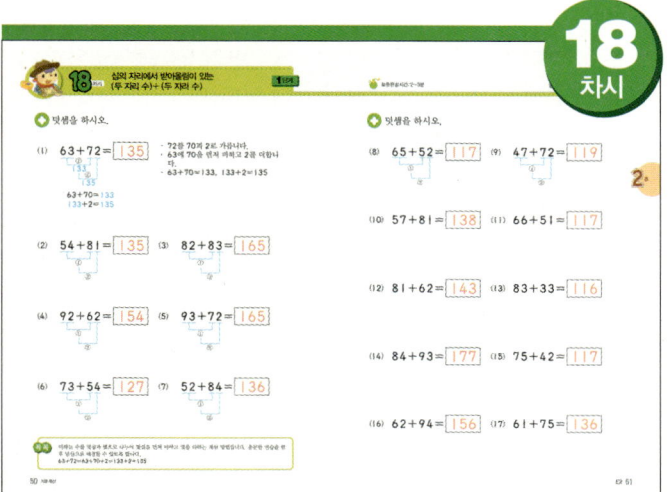

50~51쪽

더하는 수를 몇십과 몇으로 나누어 몇십을 먼저 더하고 몇을 더하는 계산 방법입니다. 충분한 연습을 한 후 암산으로 해결할 수 있도록 합니다.

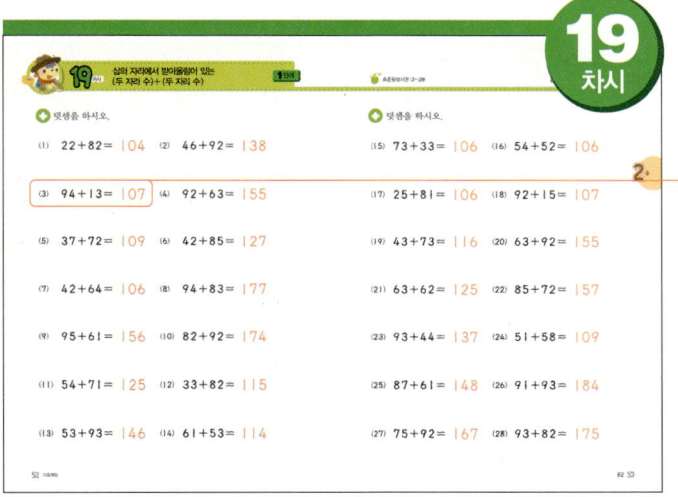

52~53쪽

따로 식을 세우지 말고 머릿속에서 다음과 같은 방법으로 계산해 봅니다.

$$94+13$$
$$=94+10+3$$
$$=104+3$$
$$=107$$

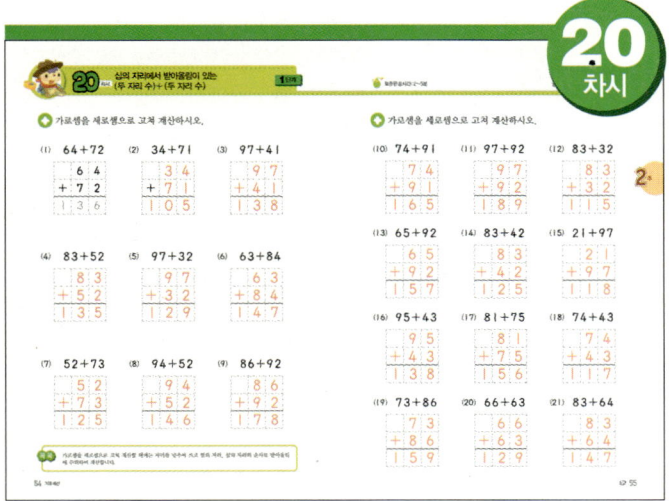

54~55쪽

가로셈을 세로셈으로 고쳐 계산할 때에는 자리를 맞추어 쓰고 일의 자리, 십의 자리의 순서로 받아올림에 주의하여 계산합니다.

가로줄의 수와 세로줄의 수를 더하여 빈칸에 써넣도록 합니다. 지금까지 충분한 연습을 하였으므로 따로 식을 세우지 말고 암산으로 계산하도록 합니다.

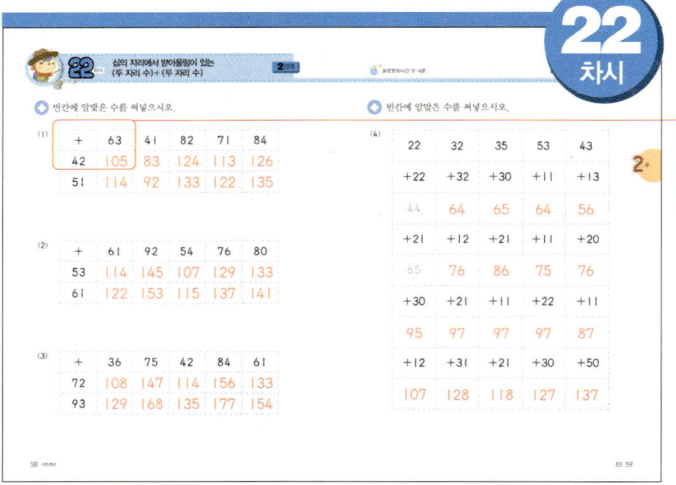

• 머릿속으로 앞에서 학습한 여러 가지 방법 중 자신에게 가장 적합한 방법으로 계산을 합니다.

• $63+42=60+40+3+2$
$=100+5=105$
$63+42=63+40+2$
$=103+2=105$

십의 자리의 계산에서 □+(어떤 수) 또는 (어떤 수)+□의 결과가 어떤 수보다 작으면 백의 자리로 10을 받아올림한 것이므로 십의 자리 계산에서 주의하도록 합니다.

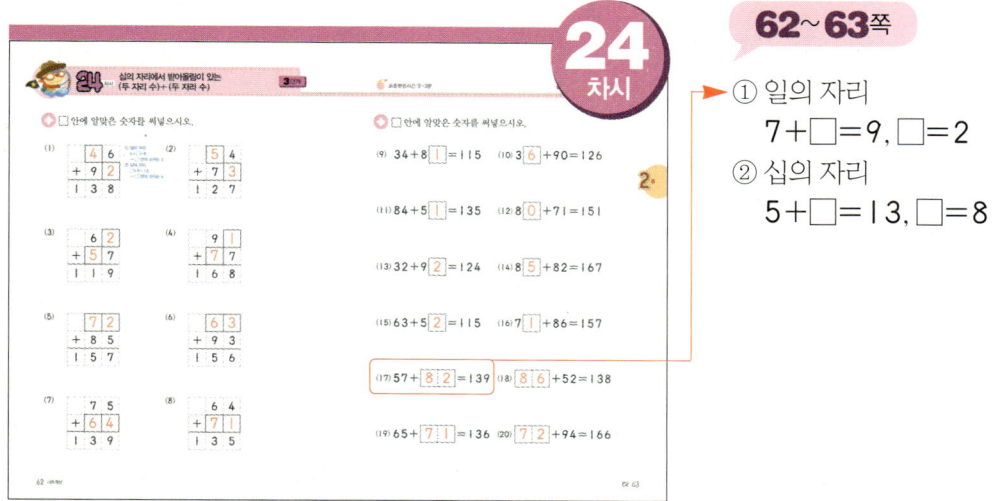

62~63쪽

① 일의 자리

$7+\square=9, \square=2$

② 십의 자리

$5+\square=13, \square=8$

체크 포인트

❶ 십의 자리에서 받아올림이 있는 (두 자리 수)+(두 자리 수)의 덧셈을 하기 전에 수의 개념과 $+$, $=$ 등의 기호에 대해 충분히 학습하였는지 확인해 주세요.

❷ 덧셈식을 바르게 읽고 쓸 수 있도록 지도하여, 이제 구체물이나 그림을 보지 않고 암산으로 답을 구할 수 있도록 충분한 학습을 하도록 합니다.

❸ 가로셈과 세로셈, 빈칸 채우기 등 여러 가지 다양한 문제를 접하도록 하여 실력을 키워주세요.

❹ 문제를 아동 스스로 그림 등을 이용하여 설명하면서 풀어 보도록 하는 것도 도움됩니다.

정답 및 지도서  E2

3주 일, 십의 자리에서 받아올림이 있는
(두 자리 수)+(두 자리 수)

지도 방법

1. 일, 십의 자리에서 받아올림이 있는 두 자리 수의 덧셈의 학습을 하기 전에 일의 자리에서 받아올림이 있는 두 자리 수의 덧셈과 십의 자리에서 받아올림이 있는 두 자리 수의 덧셈의 학습이 충분히 되어 있는지 확인해 주세요.

2. 일의 자리와 십의 자리에서 받아올림이 2번 있는 두 자리 수의 덧셈도 일의 자리부터 차례로 계산하고, 일의 자리에서 받아올림한 10은 십의 자리 위에 작게 1이라고 쓰고, 십의 자리를 계산할 때 빠뜨리지 않도록 주의합니다.

3. 받아올림이 있는 두 자리 수의 덧셈만 확실히 이해하고 해결할 수 있으면 큰 수의 덧셈을 같은 방법으로 해결할 수 있습니다.

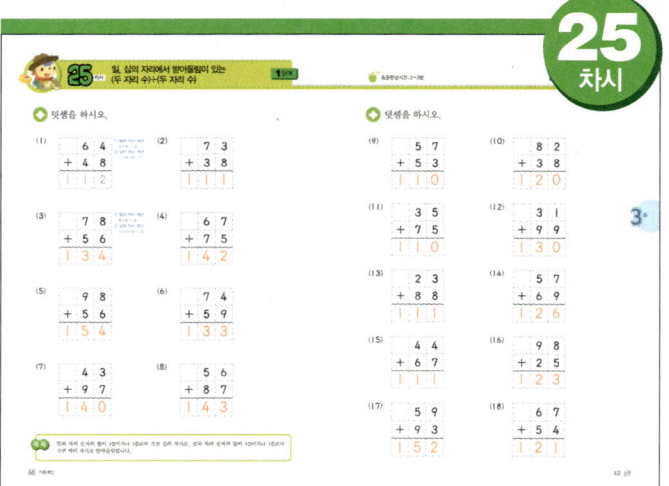

25 차시

68~69쪽

일의 자리 숫자의 합이 10이거나 10보다 크면 십의 자리로, 십의 자리 숫자의 합이 10이거나 10보다 크면 백의 자리로 받아올림합니다.

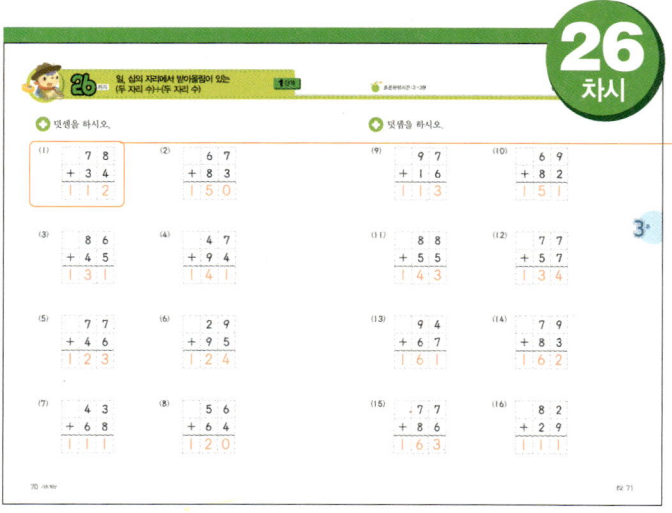

26 차시

70~71쪽

① 일의 자리 계산
  $8+4=12$
② 십의 자리 계산
  $1+7+3=11$

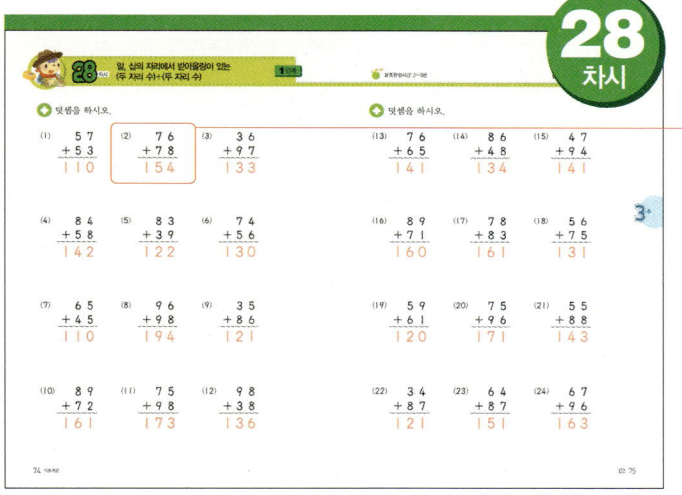

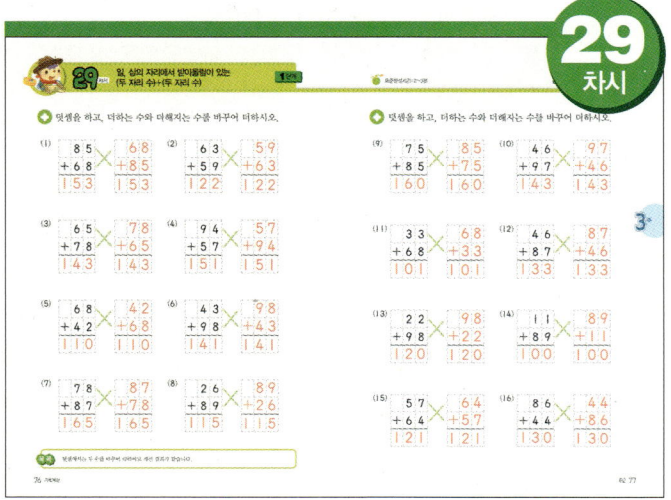

72~73쪽

일, 십의 자리에서 받아올림이 있는 두 자리 수의 덧셈입니다. 받아올림에 주의하여 계산합니다.

74~75쪽

① 6+8=14에서 4는 일의 자리에 쓰고, 10은 십의 자리로 받아올림하여 작게 1이라고 쓴니다.
② 1+7+7=15에서 5는 십의 자리에 쓰고, 10은 백의 자리에 1이라고 쓴니다.

76~77쪽

덧셈에서는 두 수를 바꾸어 더하여도 계산 결과가 같습니다.

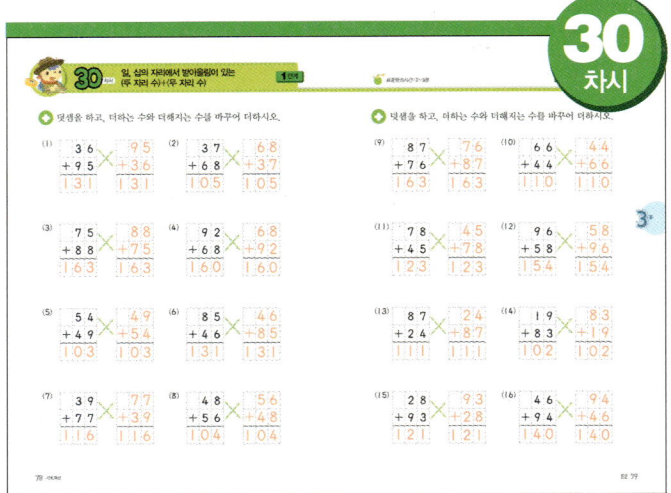

78~79쪽

두 수를 바꾸어 계산하는 연습은 세 수의 혼합 계산 등에서 유용하게 사용할 수 있습니다.

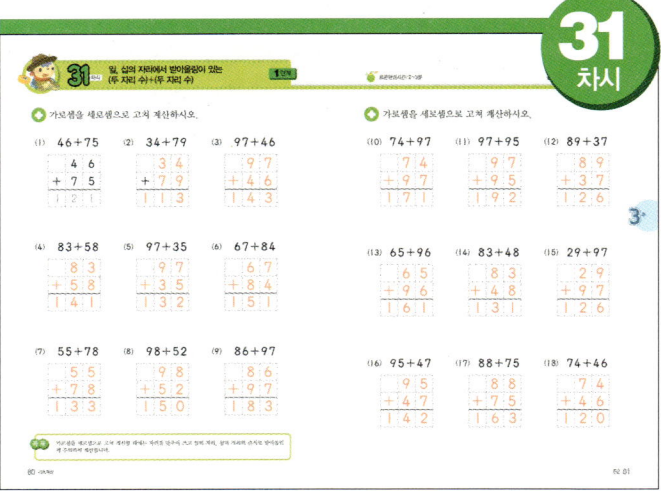

80~81쪽

가로셈을 세로셈으로 고쳐 계산할 때에는 자리를 맞추어 쓰고 일의 자리, 십의 자리의 순서로 받아올림에 주의하여 계산합니다.

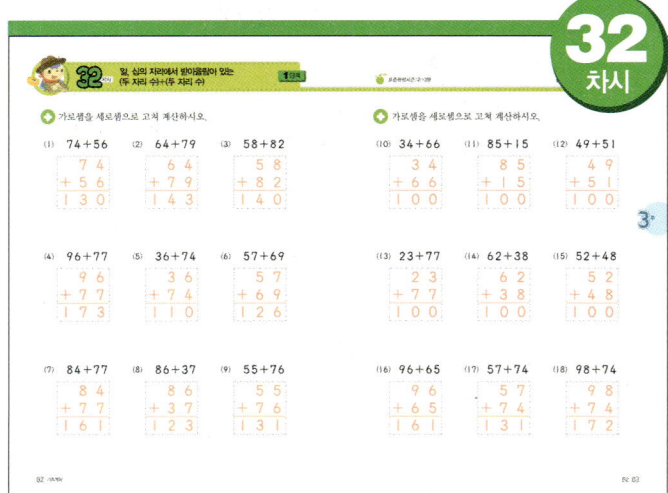

82~83쪽

받아올림이 여러 번 있는 수의 덧셈은 가로셈보다 세로셈으로 고쳐 계산하는 것이 편리합니다.

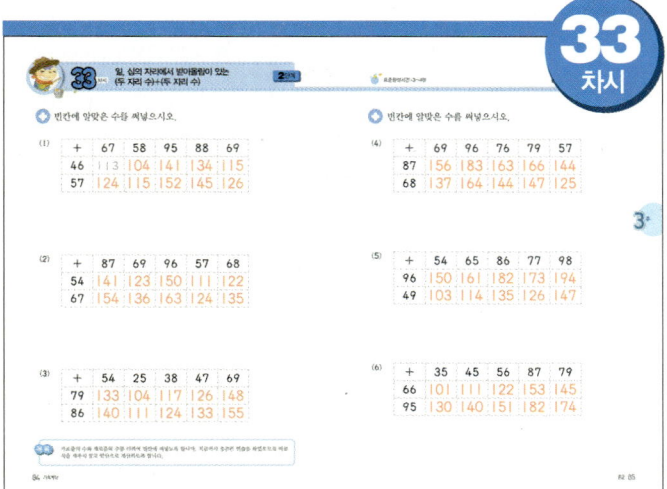

84~85쪽

가로줄의 수와 세로줄의 수를 더하여 빈칸에 써넣도록 합니다. 지금까지 충분한 연습을 하였으므로 따로 식을 세우지 말고 암산으로 계산하도록 합니다.

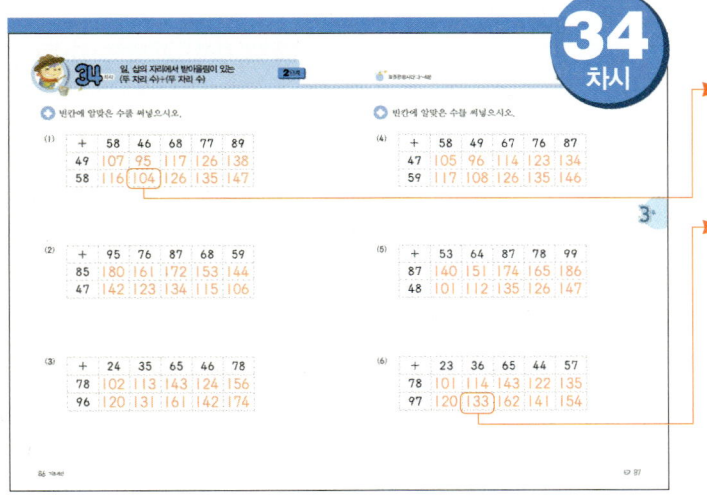

86~87쪽

- 46+58의 계산
  ① 일의 자리 6+8=14
  ② 십의 자리 1+4+5=10

- 36+97의 계산
  ① 일의 자리 6+7=13
  ② 십의 자리 1+3+9=13

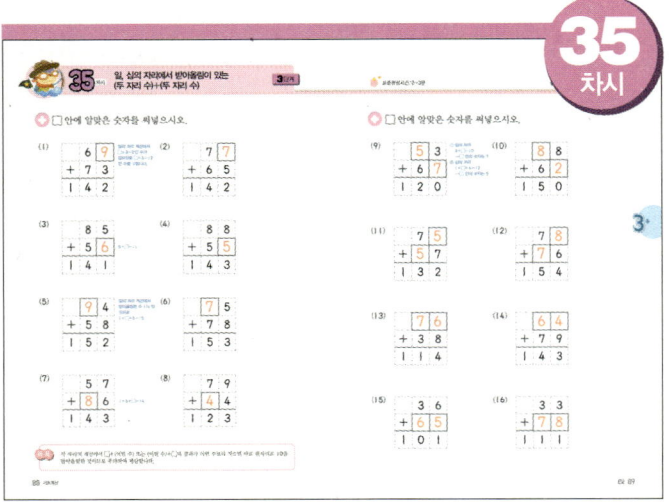

88~89쪽

각 자리의 계산에서 □+(어떤 수) 또는 (어떤 수)+□ 의 결과가 어떤 수보다 작으면 바로 윗자리로 10을 받아올림한 것이므로 주의하여 계산합니다.

36차시

90~91쪽

더하는 수 또는 더해지는 수를 몇십보다 몇 작은 수로 고쳐서 계산하는 방법입니다.

36 일, 십의 자리에서 받아올림이 있는 (두 자리 수)+(두 자리 수)

● 주어진 계산 방법으로 덧셈을 하시오.

$$87+38=87+40-2=127-2=125$$

(1) $48+75=48+80-5=128-5=123$

(2) $96+47=96+50-3=146-3=143$

(3) $58+66=58+70-4=128-4=124$

(4) $98+43=98+50-7=148-7=141$

(5) $63+89=63+90-1=153-1=152$

(6) $59+53=59+60-7=119-7=112$

(7) $46+67=46+70-3=116-3=113$

(8) $88+46=88+50-4=138-4=134$

● 주어진 계산 방법으로 덧셈을 하시오.

$$87+38=90-3+40-2=130-5=125$$

(9) $86+57=90-4+60-3=150-7=143$

(10) $68+75=70-2+80-5=150-7=143$

(11) $85+66=90-5+70-4=160-9=151$

(12) $89+34=90-1+40-6=130-7=123$

(13) $36+88=40-4+90-2=130-6=124$

(14) $75+35=80-5+40-5=120-10=110$

(15) $64+76=70-6+80-4=150-10=140$

(16) $88+64=90-2+70-6=160-8=152$

체크 포인트

❶ 일, 십의 자리에서 받아올림이 있는 (두 자리 수)+(두 자리 수)의 덧셈을 하기 전에 수의 개념과 +, = 등의 기호에 대해 충분히 학습하였는지 확인해 주세요.

❷ 덧셈식을 바르게 읽고 쓸 수 있도록 지도하여, 이제 구체물이나 그림을 보지 않고 암산으로 답을 구할 수 있도록 충분한 학습을 하도록 합니다.

❸ 가로셈과 세로셈, 빈칸 채우기 등 여러 가지 다양한 문제를 접하도록 하여 실력을 키워주세요.

❹ 문제를 아동 스스로 그림 등을 이용하여 설명하면서 풀어 보도록 하는 것도 도움됩니다.

4주 받아올림이 있는 (두 자리 수)+(두 자리 수)

지도 방법

① 받아올림이 있는 (두 자리 수)+(두 자리 수)의 계산을 정리하고 확인하는 단계입니다. 계산을 주저하거나 머뭇거리면 앞 단계로 돌아가 반복 학습하여 계산 실력을 늘립니다.

② 가능한 받아올림한 수를 표시하지 않고 머릿속으로 암산하여 계산할 수 있도록 해 봅니다.

③ 반복적인 계산 학습보다 여러 가지 유형의 문제를 제시하여 풀어 보게 하는 것이 실력 향상에 도움이 됩니다.

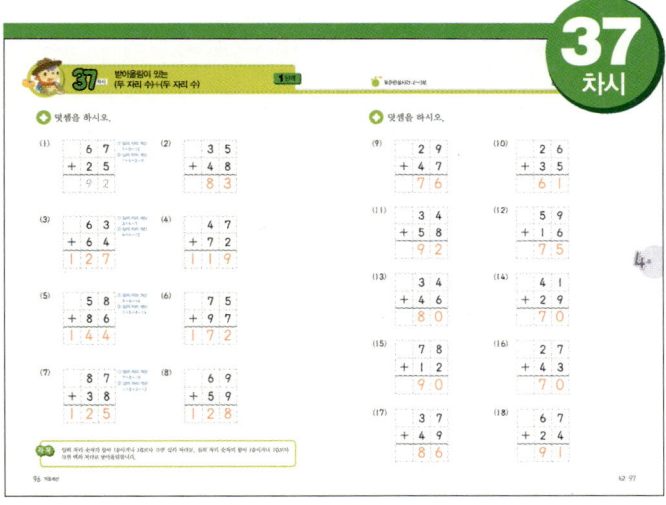

37 차시

96~97쪽

일의 자리 숫자의 합이 10이거나 10보다 크면 십의 자리로, 십의 자리 숫자의 합이 10이거나 10보다 크면 백의 자리로 받아올림합니다.

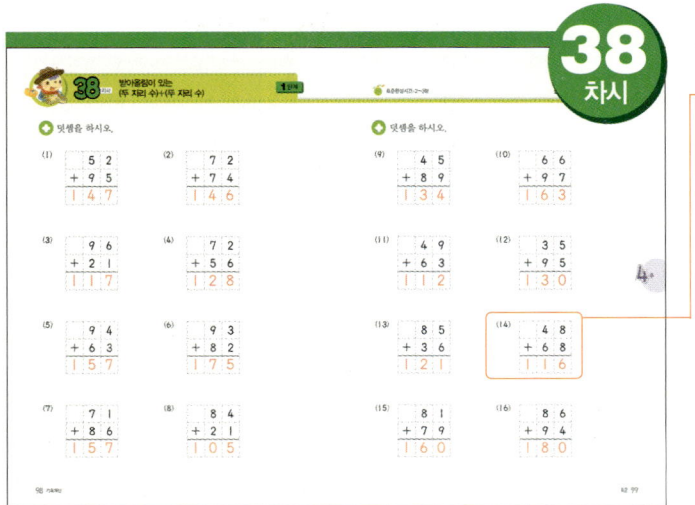

38 차시

98~99쪽

받아올림이 2번 있는 덧셈이므로 주의하여 계산합니다.

① 일의 자리 계산
$8+8=16$

② 십의 자리 계산
$1+4+6=11$

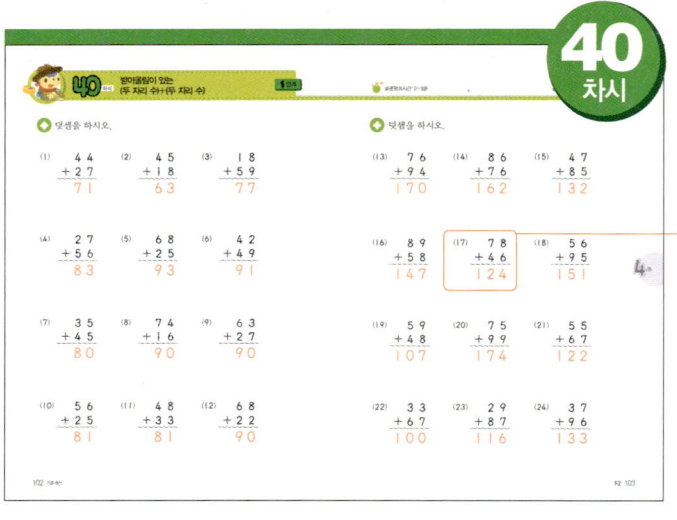

100~101쪽

받아올림이 있는 두 자리 수의 덧셈이므로 주의하여 계산합니다.

102~103쪽

① 8+6=14에서 4는 일의 자리에 쓰고, 10은 십의 자리로 받아올림하여 작게 1이라고 씁니다.
② 1+7+4=12에서 2는 십의 자리에 쓰고, 10은 백의 자리에 1이라고 씁니다.

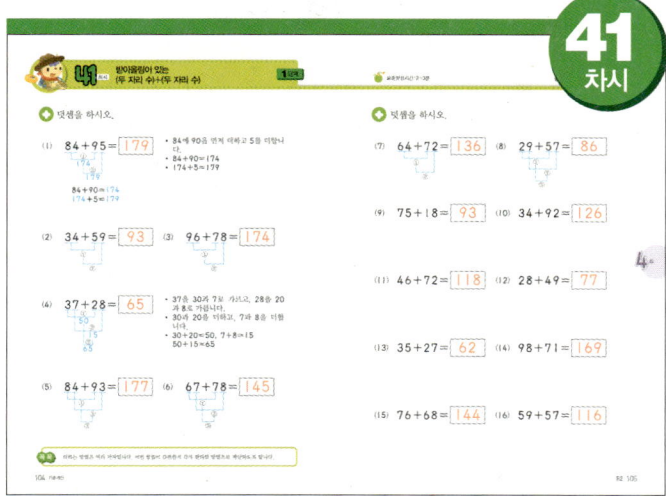

104~105쪽

더하는 방법은 여러 가지입니다. 어떤 방법이 간편한지 각자 편리한 방법으로 계산하도록 합니다.

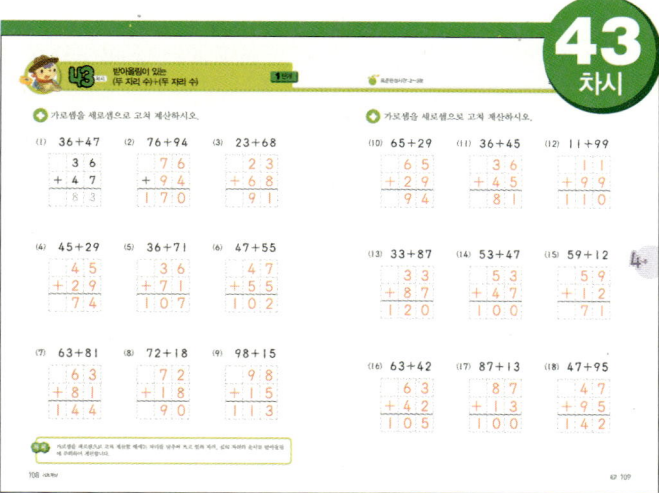

106~107쪽

- 계산 방법 1
  $94+18=94+10+8$
  $\qquad =104+8=112$
- 계산 방법 2
  $94+18=90+4+10+8$
  $\qquad =90+10+4+8$
  $\qquad =100+12=112$

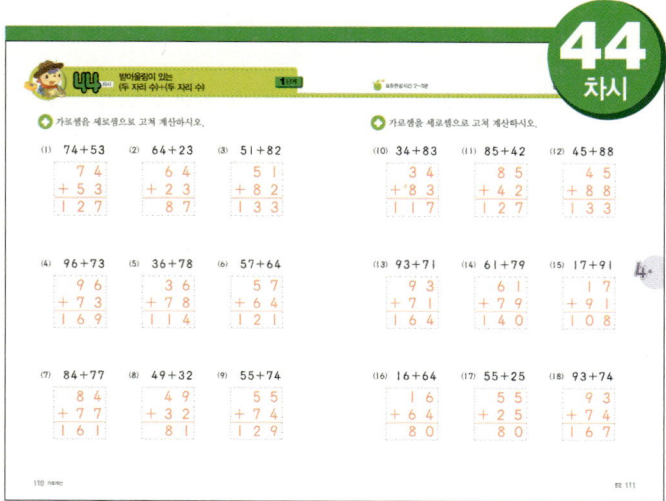

108~109쪽

가로셈을 세로셈으로 고쳐 계산할 때에는 자리를 맞추어 쓰고 일의 자리, 십의 자리의 순서로 받아올림에 주의하여 계산합니다.

110~111쪽

가로셈을 세로셈으로 고쳐 계산할 때에는 자리를 맞추어 쓰고 일의 자리, 십의 자리의 순서로 받아올림에 주의하여 계산합니다.

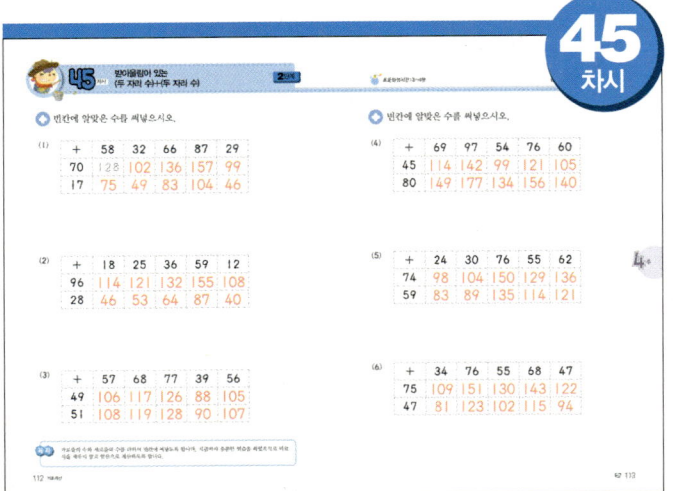

112~113쪽

가로줄의 수와 세로줄의 수를 더하여 빈칸에 써넣도록 합니다. 지금까지 충분한 연습을 하였으므로 따로 식을 세우지 말고 암산으로 계산하도록 합니다.

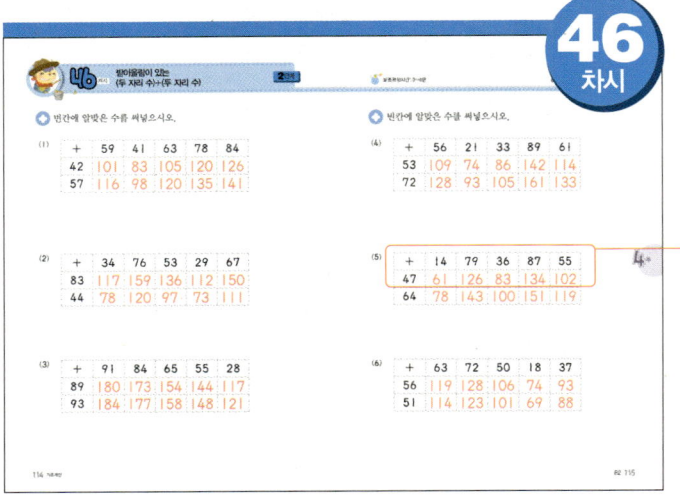

114~115쪽

어떤 수 더하기 47은 어떤 수 더하기 50으로 생각하여 계산하고 그 계산 결과에서 3을 뺍니다.

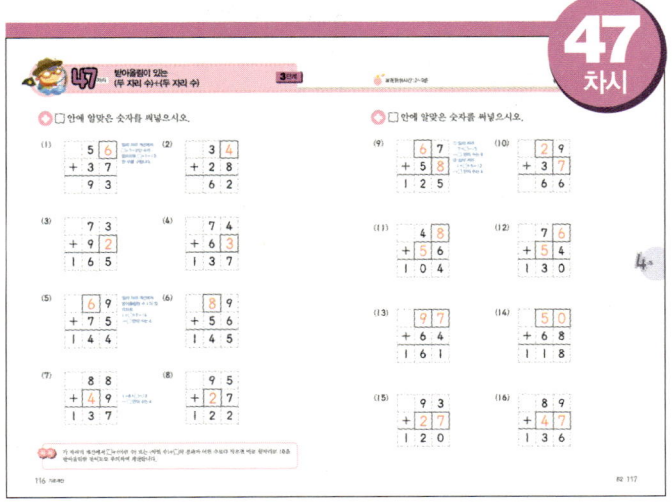

116~117쪽

각 자리의 계산에서 □＋(어떤 수) 또는 (어떤 수)＋□의 결과가 어떤 수보다 작으면 바로 윗자리로 10을 받아올림한 것이므로 주의하여 계산합니다.

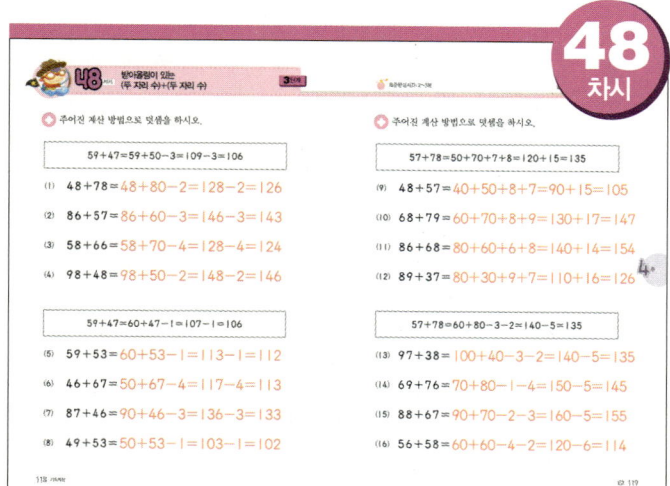

118~119쪽

여러 가지 방법으로 계산을 해 보고 자신에게 맞는 방법을 익히 도록 합니다.

체크 포인트

① 아이의 받아올림이 있는 (두 자리 수)+(두 자리 수)의 학습과 이에 대한 채점, 지도가 끝나면 학습 체크표를 보며 아이의 성취도를 평가해 주세요.

② 학습 체크표의 점수가 낮은 부분에 대한 학습을 좀더 반복해 주세요.

③ 계산 문제를 충분히 풀 수 있다고 평가되면 응용성 있는 문제에서 계산력을 잘 활용하여 문제를 풀 수 있는지 확인해 봅니다.

④ 각 단계 학습이 끝나면 학습량 등이 아이에게 적절한지 살펴보고 학습계획을 조정합니다.

⑤ 무엇보다도 아이 스스로 학습하려는 태도가 중요합니다. 흥미를 유발하여 스스로 학습하는 태도를 길러 주세요.

정답 및 지도서 E2

120~122쪽

덧셈의 계산 원리를 알고 계산 형식에 따라 빠르고 정확하게 계산할 수 있는 능력과 어림셈 능력을 기르도록 합니다.

가로셈을 세로셈으로 고치지 말고 가로셈 그대로 계산하는 능력을 키웁니다. 받아올림한 수는 자신만의 방법으로 표시하면서 계산하도록 합니다.

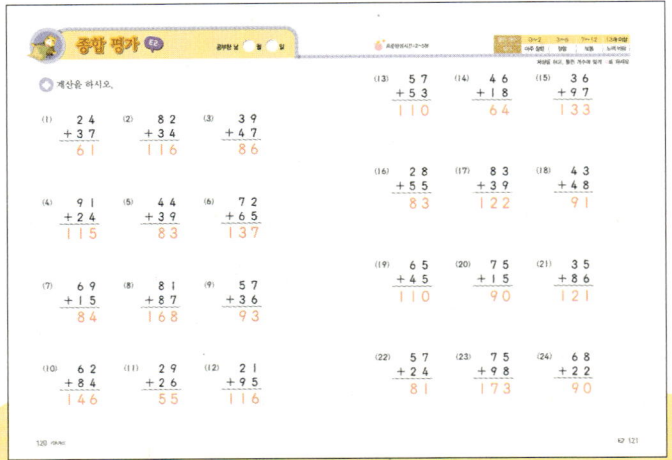

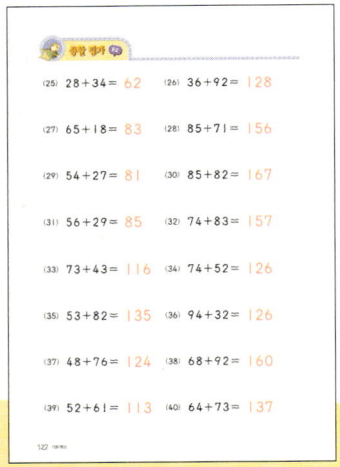